Anneli McLachlan
Rachel Hawkes
Christopher Lillington

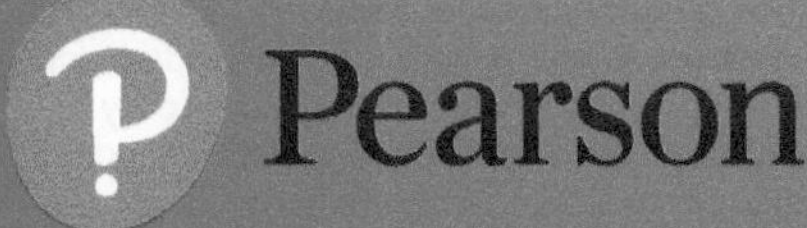

Published by Pearson Education Limited, 80 Strand, London, WC2R 0RL.

www.pearsonschoolsandfecolleges.co.uk

Text © Pearson Education Limited 2019
Developed by Clive Bell and Penny Fisher
Edited by Nina Timmer and Haremi
Typeset by Kamae Design
Original illustrations © Pearson Education Limited 2019
Illustrated by Tek-Art, West Sussex, KJA-Artists and Dave Cockburn/D'Avila Illustration Agency
Picture research by Caitlin Swain and SPi Global
Cover design by Pearson Education Limited
Cover illustration © Miriam Sturdee
Cover images: Front: Alamy Stock Photo: Vincenzo; Pearson Education Ltd: Miguel Domínguez Muñoz; Shutterstock: Nagel Photography, Dimitris Leonidas, terekhov igor. Models: Laura, Marco, José, Ramona, Samuel and Aroa of Colegio Nazaret, Oviedo. With thanks to them and the staff of Colegio Nazaret for their role in the TeleViva videos. Thanks to Colette Thompson of FOOTSTEP PRODUCTIONS.
Songs composed by Charlie Spencer and Alastair Lax of Candle Music Ltd. Lyrics by Anneli McLachlan.
Audio recorded by Alchemy Post (produced by Rowan Laxton)
Voice artists: Francesc Xavier Canals, Lorena Davis Mosquera, Elias Ferrer, Hugo Ferrer, Alexandra Hutchison Triviño, Andrew Hutchison Triviño, Ana Rose Layosa, Alejandro Moreno Gimeno, Mari Luz Rodrigo and Rafael Soledad, with thanks to Camilla Laxton at Chatterbox Voices

The rights of Anneli McLachlan, Rachel Hawkes and Chris Lillington to be identified as authors of this work have been asserted by them in accordance with the Copyright, Designs and Patents Act 1988.

First published 2019

2024

13

British Library Cataloguing in Publication Data
A catalogue record for this book is available from the British Library

ISBN 978 1 292 29050 8

Printed in the UK by Ashford Colour Press Ltd

Acknowledgements
We would like to thank Teresa Álvarez, Samantha Alzuria Snowden, Clive Bell, María José Gago, Naomi Laredo, Ana Cristina Llompart, Ruth Manteca Tahoces and Sara McKenna for their invaluable help in the development of this course.

Pearson acknowledges the use of the following material:

Blogestudio http://buscarempleo.republica.com/emprendedores/trabajar-como-payaso.html. Accessed: 5 May 2019 © Blogestudio SL, 2016 p.31; Educaweb © Educaweb.com, 2016 p.43, p.129; Manu Sánchez Montero, 'Yo quiero ser' © Manu Sánchez Montero, 2013 p.43; Alfaguara, Lindo, Elvira. 'Manolito Gafotas'. © Elvira Lindo/Alfaguara. 1994 p.71; UNICEF '24 Horas Para Ser Feliz', www.unicef.org/bolivia/trabajo_infantil_-24_horas_para_ser_feliz.pdf. Accessed: 25 May 2014 © UNICEF, 2014 p.78; Fundación Gloria Fuertes, 'Niños de Somalia' by Gloria Fuertes © Fundación Gloria Fuertes, 1996, 'Humo y Ruido' by Gloria Fuertes © Fundación Gloria Fuertes p.90, p.95; WWF España, WWF España: Illustration 'Consejos para reciclar' by Antonia Ojea, 2014 © WWF Espana p.91; Empresa Municipal de Transportes de Madrid © Empresa Municipal de Transportes de Madrid (EMT Madrid), 2014 p.103; Parques Reunidos Servicios Centrales SA. www.parquedeatracciones.es/atracciones/abismo Accessed: 25 May 2014 © Parques Reunidos Servicios Centrales SA p.114; Instituto de Turismo de España TURESPAÑA and www.tourspain.es © Instituto de Turismo de España p.115; Perry Planet, © PerryPlanet. Available under a Creative Commons CC-0 licence p.125; GoCar Tours Adapted text and Logo © GoCars Rental Inc, 2019 p.135b.

(Key: b-bottom; c-centre; l-left; r-right; t-top)

123RF: Alexraths 31b, Wavebreak Media Ltd 36br, iodrakon 41bc, Andresr 45cr, Photka 78cl, Fazon 86bc, Margie Hurwich 93cr, Olaf Speier 105cr, Robertsrob 129tl; **Alamy Stock Photo:** MediaPunch Inc 6tl, Zoonar GmbHVasiliy Koval 7bl, JG Photography 18tl, Mikehoward 18cl, Robert Fried 23tl, CandyBox Photography 30br, Cultura Creative (RF) 30bl, Cronos 31bc, Batchelder 36tr, STUDIO OCTAVIO 41br, JACK LUDLAM 43tl, STUDIO OCTAVIO 43tr, Peter D Noyce 53tc, Steve Vidler 53tr, ANGELIKA WARMUTH 55c, Tor Eigeland 55bl, Fabienne Fossez 57bl, 90cr, Andrey Armyagov 58br, Wendy Kay 66tl, Jake Lyell 82tr, Tatiana Boyle 84cl, Gari Wyn Williams 84cr, Bodo Marksdpa picture alliance archive 84br, Peter Noyce Loop Images Ltd 85tr, Florian Kopp imageBROKER 86tc, GARDEL Bertrand hemis.fr 86bll, IE294 Cultura Creative (RF) 94bc, Dorling Kindersley ltd 106tr, 110cr, 135ccr, Charlotte Allen 106bc, 135tl, Rob Cleary 110tr, Carlos Dominique 110cl, 114br, ChaviNandez 115bl, Priscilla Gragg Tetra Images, LLC 117br, Plrang GFX 124tl, Xavier Subias age fotostock 124trr, Rolf Hicker Photography 124bl, Prisma Archivo 124brr, Everett Collection Inc 126br, moodboard 131c, Alan Smith 135trr, YAY Media AS 135br, Peter Eastland 135bbr; **Getty Images:** ALEJANDRO PAGNI/AFP 6br, Jupiterimages/Stockbyte 7c, Juan Silva/The Image Bank 14tl, RichLegg/E+ 14tr, Nancy Ney/Photodisc 15cr, Carrollphoto/E+ 18br, Jeff Kravitz/FilmMagic,Inc 30tr, KAMMERMAN/Gamma-Rapho 30c, Fotonoticias/WireImage 31tl, Europa Press Entertainment 31br, Maurizio Borsari/Aflo 39cr, Uri Schanker/WireImage 41tl, Jason LaVeris/FilmMagic 41bll, 41bl, J. Countess/WireImage 41brr, Pierre Suu 41br, Wendy Hope/Stockbyte 55br, Ezra Shaw 58brr, LucaZola/Photographer's Choice 63cl, Aldomurillo/iStock 80bl, Kuni Takahashi 83cr, Ingram Publishing 86tll, Sylvain Sonnet/Photolibrary 86bl, fstop123/E+ 86br, Martin Sundberg/UpperCut Images 88tr, ORLANDO SIERRA/AFP 90bl, Fine Art Images/Heritage Images 106tc, John Parra/WireImage 127tr; **Gremio de restauradores de Plaza Mayor y Madrid de los Austrias** 102t: © Gremio de restauradores de Plaza Mayor y Madrid de los Austrias, 2017; **Pearson Education:** Gareth Boden 9tr, Jules Selmes 9br, 102cl, Handan Erek 34tl, 132tr, Imagemore Co 58tl, Miguel Dominguez Muñoz 76tl, 76tll, 76trr, 76tr, 76cll, 76c, 76crr, 76bl, 76br, Justin Hoffmann 104tl, 104tr, 104cl, 104cr, 104bl, 104br; Pearson Education Australia Ltd: Alice McBroom 30bc, **Rocknroll Madrid/Competitor Group Inc** © www.rocknrollmadrid/Competitor Group Inc, 2014 102br; **Shutterstock:** 21cr, 53tl, 69br, 80cl, 113tr, slava296 7tr, Kovankin Sergey 7b, Alexwyz 7brr, liewluck 7br, Chepe Nicoli 9c, Oksana Stepanova 14cl, karnizz 18bl, wavebreakmedia 18cr, wavebreakmedia 22cr, Castafiore/Tornasol/Kobal/Shutterstock 23cr, paleontologist natural 30bcc, Diego AzubelEPA-EFE 31tl, Alizada Studios 31bl, Michae Allen 34tr, wavebreakmedia; 36tl, Paul Hakimata Photography 36tl, Olga Danylenko 36tc, Andrey Armyagov 36cl, Tovovan 36cr, Andrea Raffin 36bl, Rawpixel 36bc, Sirtravelalot 38tr, 49br, MinDof 39tr, ESB Essentials 40c, Aspen rock 41bl, val lawless 43bl, mavo 43br, Pressmaster 47tl, Photosphere 54tr, Angel Simon 54cl, Ronald Sumners 55tr, Hans Geel 56tl, The Pixel 56tll, Francesco83 56tc, Vitor costa 56trr, Dmitriy Krasko 56tr, Yamix 56bl, Valentyn Volkov 56bll, Nito 56bc, 102bl, Yossi James 56brr, Jultud 56br, Air Images 58tr, Mark Herreid 58cl, Dmitry Kalinovsky 58cr, Supersaiyan3 58bll, Katalinks 58bl, Stockphoto mania 66tr, pixelheadphoto digitalskillet 69tr, Blaj Gabriel 70bl, MedusArt 76cr, Igor Kovalchuk 78br, Designergraphic84 78bc, Meunierd 79cr, Steve Heap 79bl, lofoto 80tl, Aleksei Potov 80tr, GMEVIPHOTO 80cr, Gunter Nezhoda 80br, Syda Productions 81cl, bonga1965 82tl, Fotoluminate LLC 82bl, ImageFlow 84tl, riccar 84tr, Steve Cukrov 84bl, Vibrant Image Studio 86tl, J2R 86trr, Corepics VOF 86trr, GagliardiImages 86brr, Shutterstock 89bl, Sadik Gulec 90tl, GHULAMULLAH HABIBIEPA-EFE 90cl, Mistervlad 103cl, Hethers 103br, 135ccl, Quintanilla 106tl, Vaju Ariel 106bl, Pat_Hastings 106br, 108cr, 110br, Ramon grosso dolarea 110tl, Pedro Rufo 110bl, 114tr, Roman Sigaev 115t, Artur Bogacki 115br, Maridav 119tl, tetiana_u 119cr, Fotografiecor 124tr, Winai Tepsuttinun 124br, Neftali 124tll, Elizabeth_morsmordre 125tl, Jess Kraft 125tc, javarman 125tr, CandyBox Images 128bl, Steven Paul Pepper 135tc, sunnychicka 135tr, Sumroeng chinnapan 135cl, Kwiatek7 135cl, terekhov igor 135crr, 135cr, Maxx-Studio 135cc, aragami12345s 135bl, Oliver Hoffmann 135bc; **Tornasol Films:** 'El sueño de Ivan', 2011 © Tornasol Films 23cr; **WWF** © WWF-UK 133bl.

¡CONTENIDOS!

¡MODULE 1! Somos así 6

¡MODULE 2! ¡Oriéntate! 30

¡MODULE 3! En forma 54

¡MODULE 4! Jóvenes en acción 78

Una aventura en Madrid 102

Somos así

1 ¿Cómo se titulan estas películas en inglés?

SOLO en CASA

PEQUEÑA MISS SUNSHINE

- **a** *Solo en casa*
- **b** *Las aventuras de Tintín*
- **c** *Pequeña Miss Sunshine*
- **d** *Linterna verde*

2 ¿Qué actor es mexicano?

- **a** Vincent Cassel
- **b** Gael García Bernal
- **c** Javier Bardem
- **d** Benedict Cumberbatch

Did you know that the Mexican film industry is very influential and has produced some excellent directors? Alfonso Cuarón directed *Harry Potter and the Prisoner of Azkaban* and *Gravity*. Guillermo del Toro is responsible for films including *Pan's Labyrinth*, *Pacific Rim* and *The Shape of Water*.

3 ¿Qué equipo de fútbol es de un país donde se habla español?

- **a** Juventus Football Club S.p.A.
- **b** Olympique de Marseille
- **c** São Paulo Futebol Clube
- **d** Club Atlético Boca Juniors

4 ¿Cuál de estos parques de atracciones es un parque acuático?

- a Terra Mítica, Benidorm
- b Isla Mágica, Sevilla
- c Aqualand Costa Adeje, Tenerife
- d PortAventura, Salou

5 Mira la foto y el gráfico. Contesta en inglés, ¿a qué se refieren?

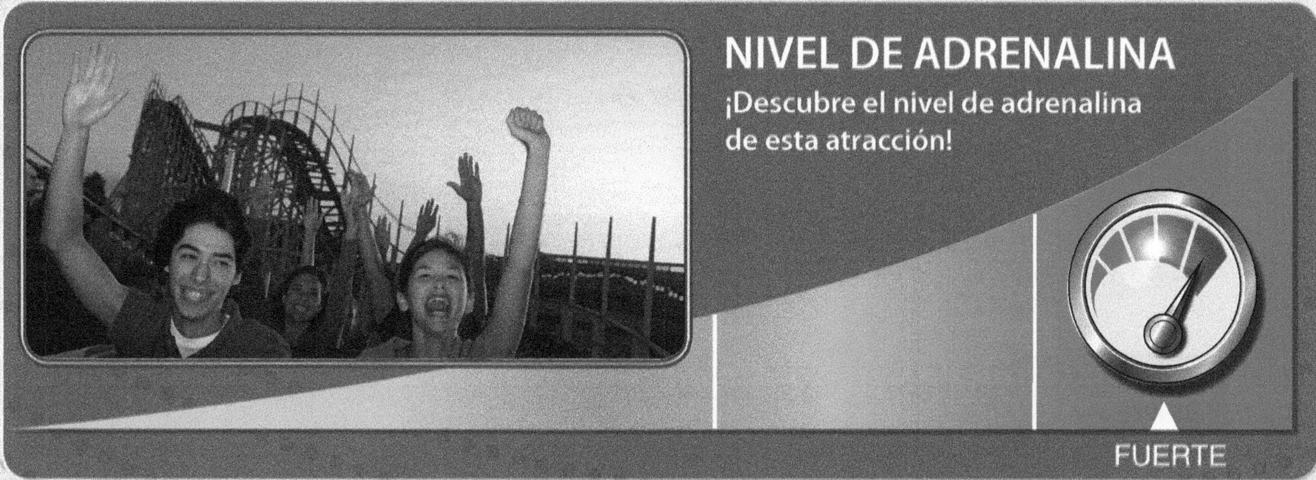

6 Mira el anuncio. ¿Con cuántos años se puede ir a esta pista de karting?

Cosas que me molan

- Talking about things you like
- Using irregular verbs in the present tense

Escucha y escribe las dos letras correctas. (1–5)

Ejemplo: **1** e, h

¿Qué cosas te gustan? ¿Qué cosas te molan?

¿Qué cosas te chiflan? ¿Qué cosas no te gustan nada?

1 Samuel

2 Isabel

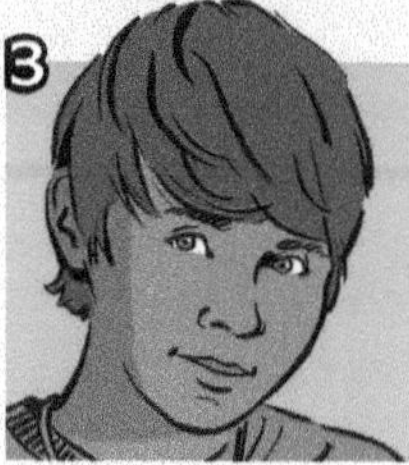
3 David

4 Martina

5 Ana

a las artes marciales, el deporte
b el dibujo, los animales
c el cine, los cómics
d el baile, la moda
e la pesca, la naturaleza

f los insectos
g las tareas domésticas
h las injusticias
i el racismo
j los lunes

Me chifla(n)… Me encanta(n)… Me flipa(n)…
Me gusta(n)… Me mola(n)…

No me gusta(n)… No me gusta(n) nada…

Gramática

Remember! When you give opinions with **me gusta(n)**, **me chifla(n)**, etc., you must include the definite article (el, la, los or las) before the noun, even if you wouldn't use 'the' in English.

Me mola el baile.	I love dance.	**Me gusta la moda.**	I like fashion.
Me chiflan los animales.	I love animals.	**No me gustan las artes marciales.**	I don't like martial arts.

Elige a una persona del ejercicio 1. Tu compañero/a adivina quién eres.

Choose a person from exercise 1. Your partner guesses who you are.

- ¿Qué cosas te gustan?
- Pues… me mola la naturaleza y también me chifla la pesca.
- ¿Qué cosas no te gustan nada?
- A ver, no me gustan nada las injusticias.
- ¡Eres…!

Pronunciación

In Spanish, **c** is pronounced as a 'th' sound before the letters **e** and **i**: artes marciales. However, before any other letter it is pronounced as a 'k': insectos, música.

Eres un famoso o una famosa. ¿Qué cosas te gustan? ¿Qué cosas no te gustan? Utiliza un diccionario si es necesario.

Ejemplo: Soy Selena Gomez. Me encantan el teatro y la moda. También me chifla la música, pero no me gusta nada la violencia.

Singular noun: **Me gusta** el deporte.
Plural noun: **Me gustan** los videojuegos.
More than one noun: **Me gustan** el teatro y la moda.

Escucha y lee. Luego, copia y completa la tabla.

siempre	always
casi todos los días	almost every day
muy a menudo	very often
todo el tiempo	all the time

name	likes	other information
Diego	martial arts	is a member of a judo club…

Soy Diego. Me chiflan las artes marciales. Soy miembro de un club de judo y soy cinturón rojo. Hago judo todo el tiempo. Mi entrenador es cinturón negro, por supuesto.

Soy Josefina. Me gusta mucho la natación. Voy casi todos los días al polideportivo, donde hago natación. Soy miembro de un equipo. Cuando hace sol, voy a la piscina al aire libre. ¡Me mola!

Soy Miguel. Me encanta la naturaleza, así que voy al parque muy a menudo. Tengo dos perros y vamos de paseo. También me chifla la pesca y siempre voy de pesca con mi padre.

Gramática

Ir, **hacer** and **ser** are important irregular verbs. They work like this in the present tense:

ir	to go	hacer	to do (or make)	ser	to be
voy	I go	**hago**	I do	**soy**	I am
vas	you go	**haces**	you do	**eres**	you are
va	he/she goes	**hace**	he/she does	**es**	he/she is
vamos	we go	**hacemos**	we do	**somos**	we are
vais	you (pl) go	**hacéis**	you (pl) do	**sois**	you (pl) are
van	they go	**hacen**	they do	**son**	they are

Con tu compañero/a, imagina que eres Jorge, Álvaro o Catalina. Descríbete.

With your partner, imagine that you are Jorge, Álvaro or Catalina. Describe yourself.

Think about which verb you need to use: **hacer**, **ir** or **ser**?

Ejemplo:

- Soy Jorge. Me chifla la gimnasia y también… Voy a la… casi todos los días.

¿Qué cosas te gustan? ¿Qué cosas no te gustan? Escribe un texto.

Include:

- what you like **(¡Me chifla(n)…!)**
- more detail **(Voy / Hago / Soy…)**
- what else you like **(También me mola(n)… y voy / hago / soy…)**
- what you don't like **(No me gusta(n) nada…)**.

SKILLS

Making your writing interesting

To add variety and detail to your writing, use:

- different expressions for 'I love': **me chifla(n)…, me mola(n)…**
- expressions of frequency: **casi todos los días, muy a menudo**
- connectives: **así que, cuando, donde** (see exercise 4 texts)

Mi semana

- Talking about your week
- Using regular verbs in the present tense

Escucha y lee la canción. Completa las frases con el verbo correcto.

Ejemplo: **1** monto

¿Cómo organizas tu semana?

lun 1 Los lunes después del insti, **1** ___ en bici.
Me chifla, me chifla, me chifla mi bici.

mar 2 Los martes **2** ___ Zumba® o a veces flamenco.
Me mola el baile. ¡Olé, olé, olé!

mié 3 Los miércoles **3** ___ fotos, soy miembro de un club.
Me chifla, me chifla la fotografía.

jue 4 Los jueves **4** ___ libros con mi amigo.
Me molan, me molan, me molan los libros.

vie 5 Los viernes **5** ___ para mi familia.
¡Me chifla, me chifla, me chifla la cocina!

sáb 6 Los sábados **6** ___ un partido de fútbol.
Me mola, me mola, me mola… ¡Gooooooool!

dom 7 Los domingos por la tarde **7** ___ el teclado.
Me chifla, me chifla, me chifla el piano.

veo
saco
toco
leo
bailo
cocino
monto

el teclado *keyboard*

Gramática

Remember how the present tense of regular verbs works:

bailar	to dance	**leer**	to read	**escribir**	to write
bailo	I dance	**leo**	I read	**escribo**	I write
bailas	you dance	**lees**	you read	**escribes**	you write
baila	he/she dances	**lee**	he/she reads	**escribe**	he/she writes
bailamos	we dance	**leemos**	we read	**escribimos**	we write
bailáis	you (pl) dance	**leéis**	you (pl) read	**escribís**	you (pl) write
bailan	they dance	**leen**	they read	**escriben**	they write

Some verbs change their stem and are known as stem-changing verbs: **jugar** (to play) → **juego** (I play).

>> p24

Con tu compañero/a, pregunta y contesta.

Ejemplo:

A

- ¿Cómo organizas tu semana?
- A ver… los lunes cocino para… Los martes…

A los lunes, los martes, los viernes

B los miércoles, los jueves, los sábados

Traduce el texto al español.

'On Mondays' doesn't translate word for word. Look back at exercises 1 and 2 for help.

After school my sisters read magazines. In addition, on Mondays they play the piano. My brother cooks on Wednesdays, and on Fridays he takes photos. On Sundays in the afternoon we watch a volleyball match. How do you all organise the week?

If you need help with this connective, look at Iker's text in exercise 4.

Identify who is doing each action and double check your verb endings on page 10.

Lee los textos. Contesta a las preguntas en inglés.

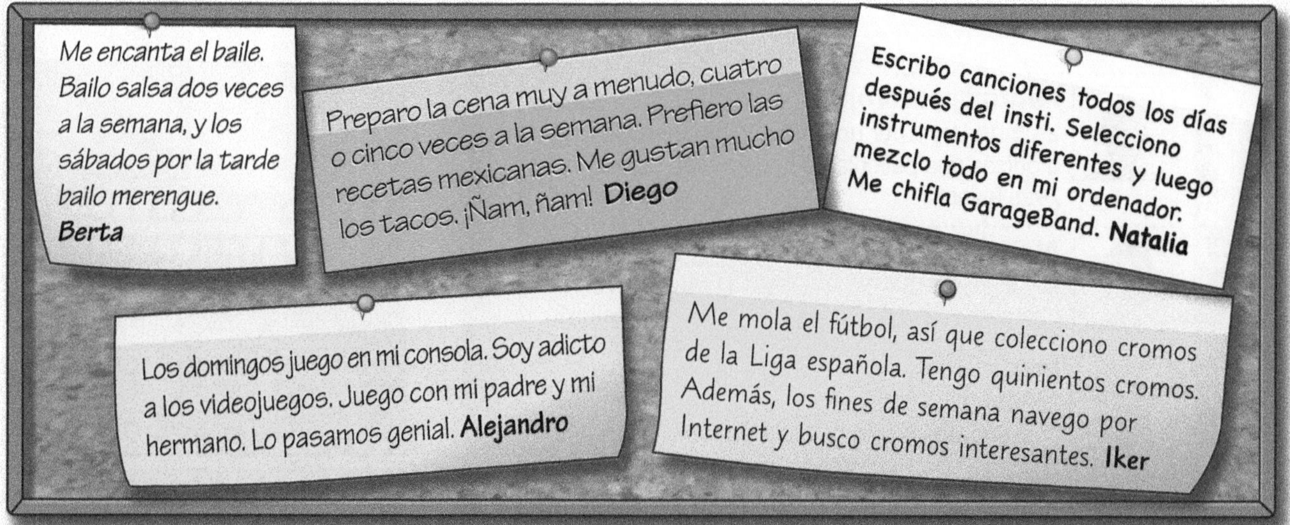

quinientos *five hundred*

How often does…

1. Natalia write songs?
2. Diego prepare dinner?
3. Berta dance salsa?

When does…

4. Iker look for his football trading cards?
5. Alejandro play on his games console?

Busca las frases en español en el texto.

1. I prepare dinner.
2. I collect trading cards.
3. I select different instruments.
4. I look for interesting trading cards.
5. I mix everything on my computer.
6. I prefer Mexican recipes.

Escucha. ¿Qué les gusta hacer y cuándo? Apunta los datos en inglés. (1–4)

Listen. What do they like doing and when? Note the details in English.

Ejemplo: **1** loves cooking – cooks at the weekends – prepares salad or…

¿Cómo organizas tu semana? Prepara la presentación o habla de tu semana.

-  y .
- Todos los días  .
- Los lunes  .
- También  y .
- Los fines de semana 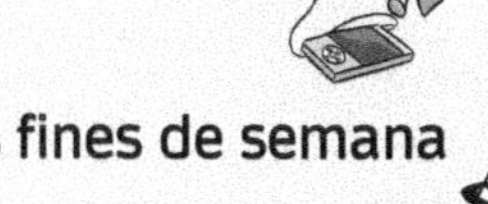 .
- Y los domingos .

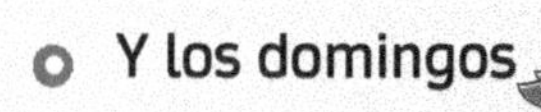

Cartelera de cine

- Talking about films
- Using the near future tense

Lee los tuits. ¿Qué tipo de películas mencionan? Escribe las dos letras correctas para cada persona.

Ejemplo: Pedro c, …

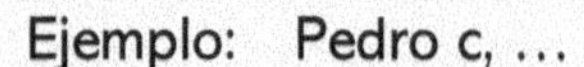

quizás *perhaps, maybe*

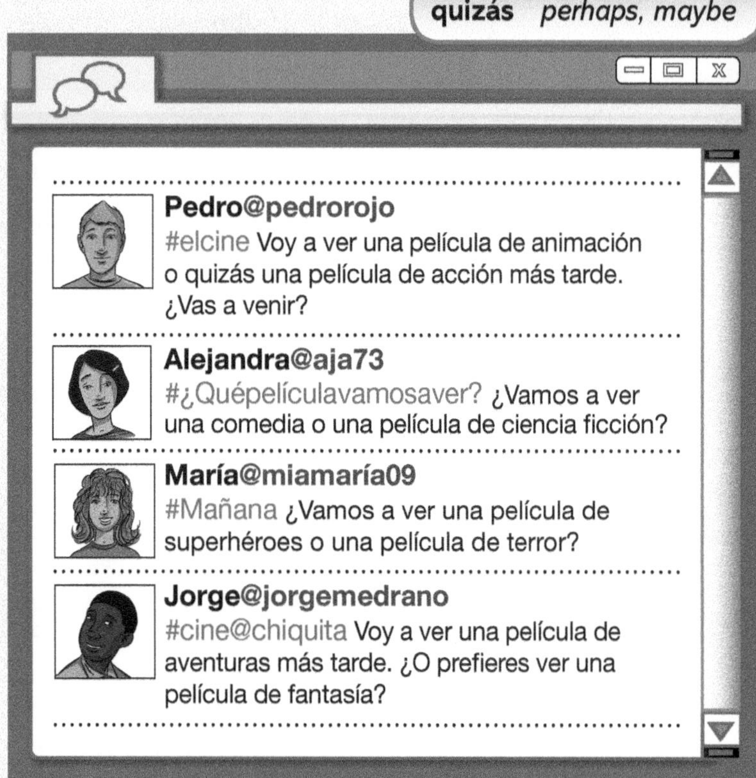

Pedro@pedrorojo
#elcine Voy a ver una película de animación o quizás una película de acción más tarde. ¿Vas a venir?

Alejandra@aja73
#¿Quépelículavamosaver? ¿Vamos a ver una comedia o una película de ciencia ficción?

María@miamaría09
#Mañana ¿Vamos a ver una película de superhéroes o una película de terror?

Jorge@jorgemedrano
#cine@chiquita Voy a ver una película de aventuras más tarde. ¿O prefieres ver una película de fantasía?

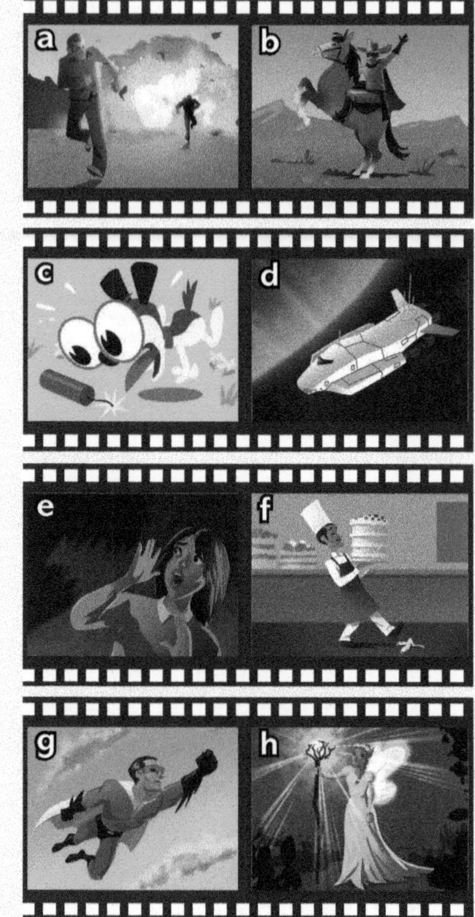

¿Qué tipo de película es? Escribe la frase correcta para cada ilustración del ejercicio 1.

Ejemplo: **a** una película de acción

¿Qué tipo de película van a ver? Escucha y escribe la(s) letra(s) correcta(s) del ejercicio 1. ¿La reacción es positiva ☺ o negativa ☹ ? (1–5)

Ejemplo: **1** f ☺

Con tu compañero/a, haz cuatro diálogos: dos positivos y dos negativos.

- ● Voy a ir al cine mañana. ¿Vas a venir?
- ■ ¿Qué tipo de película vas a ver?
- ● Voy a ver una película de terror o quizás una película de fantasía.
- ■ De acuerdo. Voy a ir.

- Claro que sí. Voy a ir.
- De acuerdo. Voy a ir.

- ¡Qué rollo! No, gracias. No voy a ir.
- ¡Ni en sueños! No voy a ir.

Gramática

Do you remember how to form the near future tense? Use the present tense of the verb **ir** followed by **a** plus the infinitive.

Voy a ver una comedia.	I am going to see a comedy.
Vas a comer palomitas.	You are going to eat popcorn.
Va a ser guay.	It is going to be cool.
Vamos a escuchar…	We are going to listen to…
Vais a venir.	You (pl) are going to come.
Van a ir al cine.	They are going to go to the cinema.

>> p24

Escucha y completa las frases. (1–7)

Ejemplo: **1** las

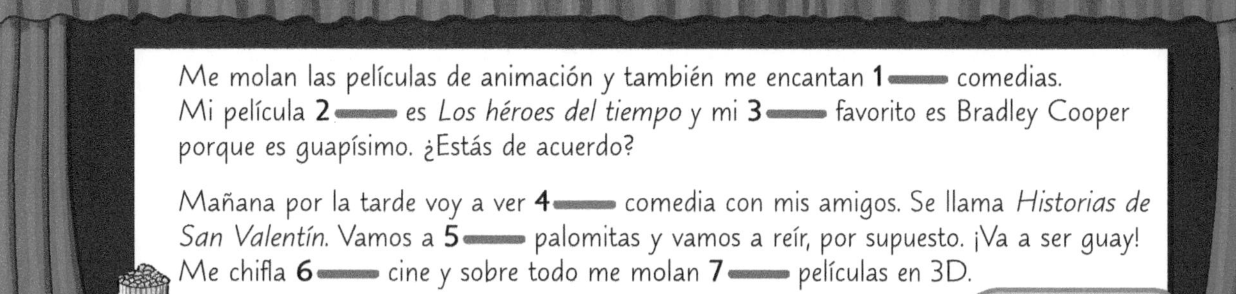

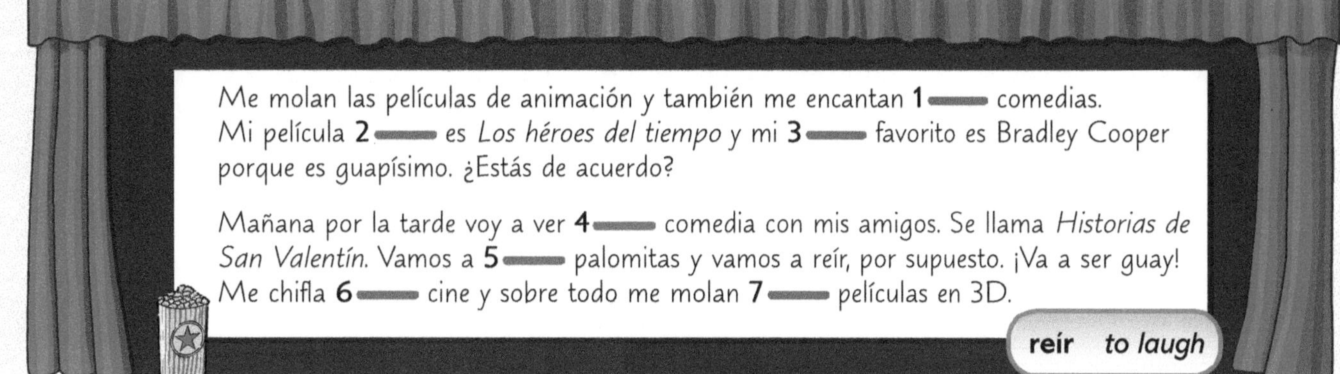

Me molan las películas de animación y también me encantan **1** ____ comedias. Mi película **2** ____ es *Los héroes del tiempo* y mi **3** ____ favorito es Bradley Cooper porque es guapísimo. ¿Estás de acuerdo?

Mañana por la tarde voy a ver **4** ____ comedia con mis amigos. Se llama *Historias de San Valentín*. Vamos a **5** ____ palomitas y vamos a reír, por supuesto. ¡Va a ser guay! Me chifla **6** ____ cine y sobre todo me molan **7** ____ películas en 3D.

reír *to laugh*

Use the **indefinite article** to say what sort of film it is or you are going to see.

Es **una** comedia.	It's **a** comedy.
Voy a ver **una** comedia.	I am going to see **a** comedy.

Use the **definite article** with 'me gusta(n)' / 'me chifla(n)' / 'me encanta(n)', etc.

Me encantan **las** comedias.	I love comedies.

Lee las frases. ¿Cuál es la pregunta?

1 Es una película de terror.
2 Claro que sí. Voy a ir.
3 Vamos a ver una película de acción.
4 Mi actriz favorita es Tilda Swinton.
5 Me encantan las películas de aventuras.
6 Mi película favorita es *El león, la bruja y el armario*.

Trabaja en un grupo de cuatro personas. ¿Qué tipo de película es? Pregunta, contesta y reacciona.

Ejemplo:
● *Black Panther*, ¿qué tipo de película es?
■ En mi opinión, *Black Panther* es una comedia.
▲ No, no estoy de acuerdo. Creo que es una película de ciencia ficción.
◆ ¿Estás loco/a? *Black Panther* es una película de acción.

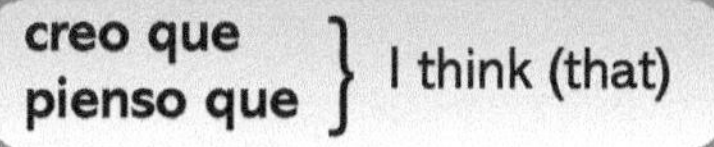

creo que / **pienso que** } I think (that)

¿Qué tipo de películas te gustan? Describe tus preferencias.

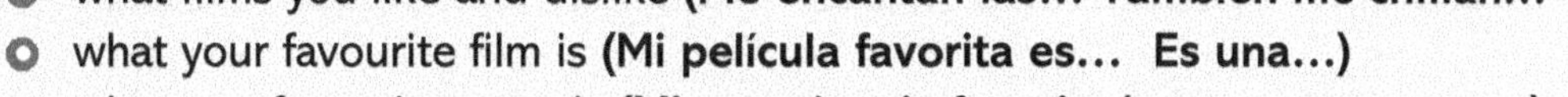

Write about:
- what films you like and dislike **(Me encantan las… También me chiflan… Pero no me gustan…)**
- what your favourite film is **(Mi película favorita es… Es una…)**
- who your favourite actor is **(Mi actor/actriz favorito/a es… porque es…)**
- what film you are going to see next **(Este fin de semana / Mañana por la tarde voy a ver… en el cine / en la televisión / en 3D.)**
- what it will be like **(Va a ser…)**.

Un cumpleaños muy especial

- Talking about a birthday
- Using the preterite

1 Escucha y lee los textos. Escribe el nombre correcto.

¿Cómo fue tu cumpleaños? ¿Qué hiciste?

El veinticinco de junio celebré mi cumpleaños con mi familia. ¡Lo pasé fenomenal! Fui al parque de atracciones, donde monté en muchas atracciones, por ejemplo en una montaña rusa muy alta. Comí patatas fritas. Fue alucinante. ¡Me encantó!

Nicolás

El doce de febrero celebré mi cumpleaños con mis amigos. Fuimos a un centro de lasertag, donde participamos en una aventura de dos horas. ¡Fue increíble! Comí una hamburguesa y bebí un refresco. Luego comimos mi tarta de cumpleaños. ¡Lo pasé guay!

Aroa

El dieciocho de octubre fue mi cumpleaños. Invité a mis amigas a pasar la noche en mi casa y fue muy divertido. Bebimos batidos de fresa y comimos helado y también chocolate. Vimos una comedia y después jugamos a juegos tontos. Recibí muchos regalos bonitos. ¡Lo pasamos fenomenal!

Gabriela

la montaña rusa	*roller coaster*
alucinante	*amazing*
la tarta de cumpleaños	*birthday cake*

Fue fenomenal. It was fantastic.
¡Lo pasé fenomenal! I had a fantastic time.

Who…

1 went out with his/her friends?
2 ate ice cream?
3 went out with his/her family?
4 watched a film?
5 ate birthday cake?
6 took part in an adventure that lasted two hours?

Gramática

You use the preterite to talk about the past. Do you remember the endings for each group of regular verbs?

celebrar	to celebrate	**comer**	to eat	**recibir**	to receive
celebré	I celebrated	**comí**	I ate	**recibí**	I received
celebraste	you celebrated	**comiste**	you ate	**recibiste**	you received
celebró	he/she celebrated	**comió**	he/she ate	**recibió**	he/she received
celebramos	we celebrated	**comimos**	we ate	**recibimos**	we received
celebrasteis	you (pl) celebrated	**comisteis**	you (pl) ate	**recibisteis**	you (pl) received
celebraron	they celebrated	**comieron**	they ate	**recibieron**	they received

The irregular verbs **ser** (to be) and **ir** (to go) are the same in the preterite:

fui	I was	I went
fuiste	you were	you went
fue	he/she/it was	he/she went
fuimos	we were	we went
fuisteis	you (pl) were	you (pl) went
fueron	they were	they went

Mi amiga fue al parque de atracciones.
Fue alucinante.

My friend **went** to the theme park.
It was amazing.

>> p25

2 Traduce al inglés el texto de Gabriela del ejercicio 1.

Con tu compañero/a, por turnos añade otra cosa a la frase.

With your partner, take it in turns to add something else to the sentence.

● El día de mi cumpleaños recibí muchos regalos.
■ El día de mi cumpleaños recibí muchos regalos y comí helado…

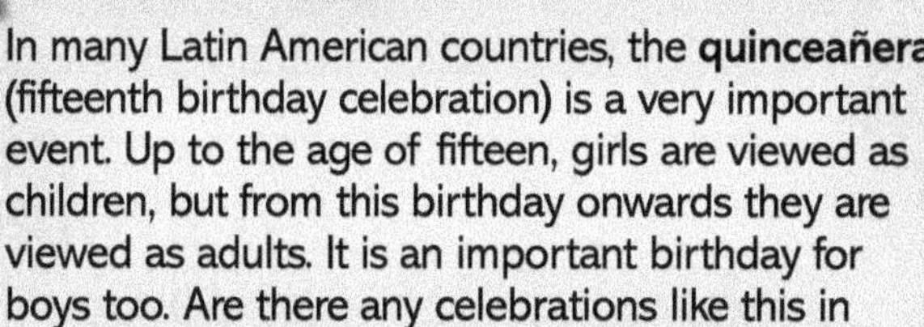

In many Latin American countries, the **quinceañera** (fifteenth birthday celebration) is a very important event. Up to the age of fifteen, girls are viewed as children, but from this birthday onwards they are viewed as adults. It is an important birthday for boys too. Are there any celebrations like this in your culture?

Escucha. Apunta los datos sobre las celebraciones en español. (1–3)

	¿cuándo fue?	¿con quién?	¿adónde fueron?	¿qué vieron?	¿qué comieron / bebieron?	¿cómo fue?
1	el 13 de mayo	amigos		tenis	bocadillo	

Con tu compañero/a, inventa detalles sobre una celebración en el pasado. Pregunta y contesta.

● ¿Cómo fue tu cumpleaños?
¿Qué hiciste?
■ El… de… celebré mi cumpleaños con…
Fui / Fuimos a… Fue…
Me encanta(n) / Me chifla(n)…
Comí / Comimos… y bebí / bebimos…
Me gusta(n)…
¡Lo pasé / Lo pasamos…!

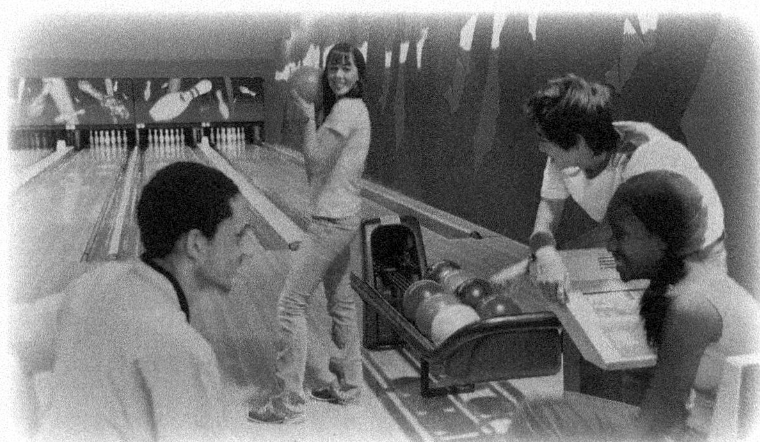

Lee el texto. ¿Verdadero o falso? Escribe V o F.

Ejemplo: **1** F

Soy Luis. Me chifla la natación. Soy miembro de un club y voy a la piscina cuatro veces a la semana, pero la semana pasada fui a un parque acuático con mis amigos porque fue mi cumpleaños. Primero nadé en la laguna y luego descendí por los rápidos. ¡Guau! ¡Fue increíble! Más tarde hice surf en la piscina de olas. ¡Qué guay!

Por la tarde fuimos a un restaurante, donde comí un perrito caliente y bebí un zumo de naranja.

¡Lo pasé fenomenal! Me molan los parques acuáticos.

1. Luis es miembro de un club de voleibol.
2. Hace dos semanas Luis fue a un parque acuático.
3. Fue su cumpleaños.
4. Primero hizo surf en la piscina de olas.
5. Comió en un restaurante.
6. Le encantó la experiencia.

Inventa detalles sobre un cumpleaños muy especial. Escribe un resumen.

Write about:

- what you like doing
- when your birthday was
- where you went for your birthday
- who you went with
- what you did, ate and drank – use sequencers **(primero… luego… más tarde…)**
- what it was like.

Los famosos

- Talking about life as a celebrity
- Using three tenses together

1 ESCUCHAR **Escucha y lee el texto. Copia y completa la tabla con los verbos.**

Así soy yo...

Nombre: Francisco Albarán
¿Famoso por qué? Porque soy DJ.
Todo empezó así: A los nueve años recibí un ordenador. Empecé a mezclar música. Luego fui a Ibiza y me encantó.
Mis aficiones ♥: Me molan la música y la tecnología. También me chifla el fútbol. ¡Soy adicto al fútbol! Voy a un parque donde juego cuatro veces a la semana.
En el futuro: Primero voy a viajar. Luego voy a abrir una discoteca. Después voy a ir a muchas fiestas, voy a conocer a mucha gente y voy a dedicar mi vida a la música. Más tarde voy a abrir otra discoteca…

present	preterite	near future
	recibí (I received)	

SKILLS
Recognising tenses
Train yourself to recognise and use the present, preterite and near future correctly. Focus on verb endings and formation:
viajo (present)
viajé (preterite)
voy a viajar (near future).

2 LEER **Pon los párrafos en el orden correcto. Escribe la letra correcta.**

Ejemplo: **1** d

a Primero voy a diseñar muchas cosas. Luego voy a escribir mi autobiografía. Después quizás voy a tener una Barbie con mi imagen. ¿Qué sé yo? Vamos a ver…
b Me chifla la moda (leo revistas de moda todo el tiempo) y me encanta el dibujo. También me mola el baile y hago yoga de vez en cuando.
c A los diez años recibí una máquina de coser. Empecé a diseñar ropa. Hice una falda, luego un vestido… Hice un montón de cosas.
d Sara Luengo
e Porque diseño ropa.

1 Nombre:	
2 ¿Famosa por qué?	
3 Todo empezó así:	
4 Mis aficiones ♥:	
5 En el futuro:	

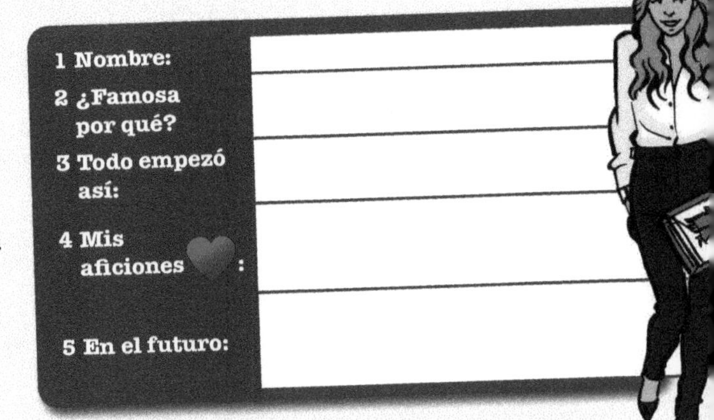

la máquina de coser *sewing machine*
un montón de cosas *loads of things*

3 ESCUCHAR **Escucha y comprueba tus respuestas.**

4 LEER **Lee los textos de los ejercicios 1 y 2 otra vez. Completa las frases en inglés.**

Everything began for Francisco when, at the age of **1** ___, he **2** ___. He started to **3** ___ and then he **4** ___.

Everything began for Sara when, at the age of **5** ___, she **6** ___. Sara loves **7** ___ and reads **8** ___ all the time.

In the future, Francisco is going to **9** ___. Then he **10** ___.
In the future, Sara is going to **11** ___ many things. Then she **12** ___.

Gramática

Remember, the verb **hacer** (to do or make) is irregular. It works like this:

present		preterite	
hago	I do	**hice**	I did
haces	you do	**hiciste**	you did
hace	he/she does	**hizo**	he/she did
hacemos	we do	**hicimos**	we did
hacéis	you (pl) do	**hicisteis**	you (pl) did
hacen	they do	**hicieron**	they did

The following verbs have a spelling change in the **yo** form of the preterite:

sacar (to take) → **saqué** | **jugar** (to play) → **jugué**
tocar (to play an instrument) → **toqué** | **empezar** (to begin) → **empecé**

>> p25

Escucha a Javier hablando de su pasión. Copia y completa la tabla con las letras correctas.

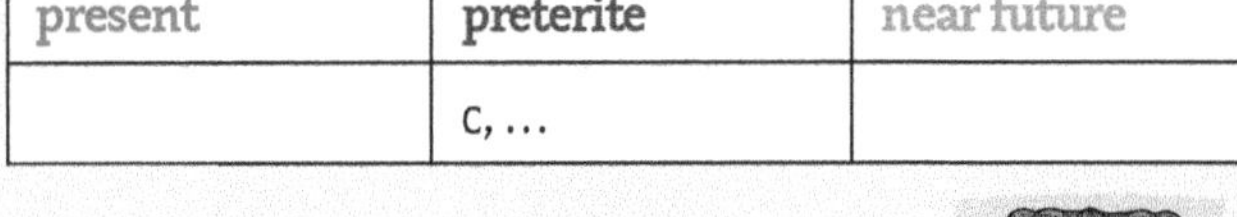

present	preterite	near future
	c, …	

a  b  c  d  e  f 

Con tu compañero/a, haz dos entrevistas.

- ¿Cómo te llamas?
- ¿Por qué eres famoso/a?
- ¿Cómo empezó todo?
- ¿Qué cosas te chiflan?
- ¿Qué vas a hacer en el futuro?

The verbs in exercise 6 are given in the infinitive form. Work out which tense you need to use them in. Check the forms in the verb tables if you are unsure and look out for stem-changing verbs.

a

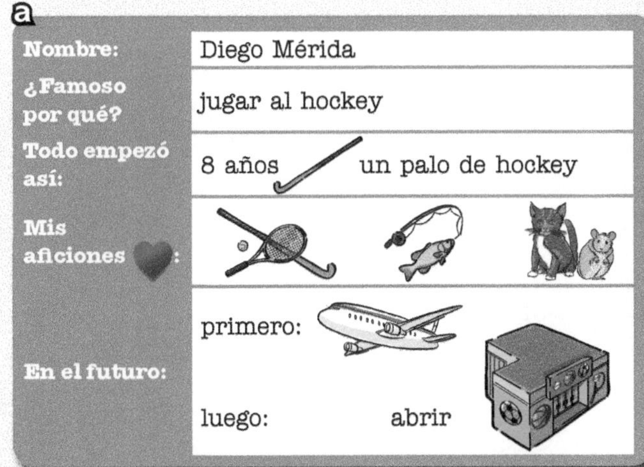

Nombre:	Diego Mérida
¿Famoso por qué?	jugar al hockey
Todo empezó así:	8 años un palo de hockey
Mis aficiones ♥:	
En el futuro:	primero: luego: abrir

b

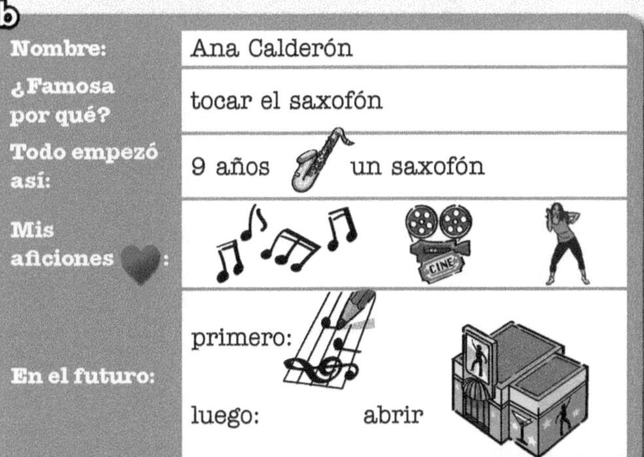

Nombre:	Ana Calderón
¿Famosa por qué?	tocar el saxofón
Todo empezó así:	9 años un saxofón
Mis aficiones ♥:	
En el futuro:	primero: luego: abrir

Escribe un artículo para una revista acerca de un famoso o una famosa. Utiliza el texto del ejercicio 1 como modelo.

Ejemplo:

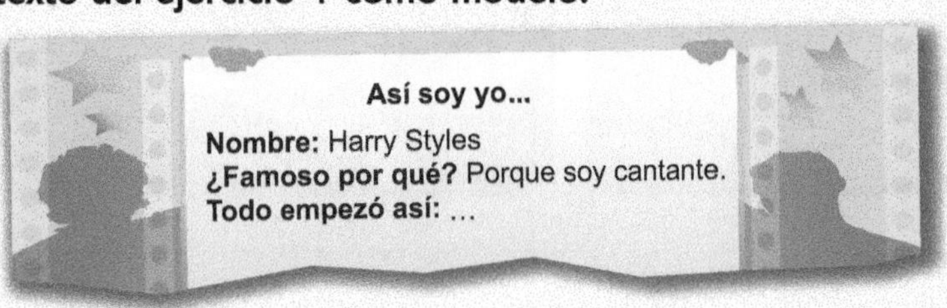

Así soy yo…
Nombre: Harry Styles
¿Famoso por qué? Porque soy cantante.
Todo empezó así: …

¿Adónde fuiste?

- Understanding descriptions of days out
- Using the four Ws when listening

LISTENING SKILLS

SKILLS

Predicting when listening

Focusing on the 4 Ws (Who? Where? What? When?) will help you answer questions on listening passages.

Predicting what you are going to hear is a very useful skill. In exercise 1, look at the answer options and think about **who** you might hear about. Make a list of possible phrases in Spanish, e.g. **con mi familia**.

Escucha. ¿Con quién fueron? Escribe las letras correctas. Sobran dos posibilidades. (1–5)

Ejemplo: **1** c

a with his/her family

b with his/her brothers

c with his/her friends

d with his/her school

e with his/her cousins

f with his/her team

g with his/her class

Escucha. ¿Dónde están? Escribe la letra de la foto correcta. (1–5)

Ejemplo: **1** d

a

SKILLS

Listening for clues

When listening for **where** something is taking place, remember that speakers might not mention an actual place name. Listen for other words they use as clues. Background noises can also help you identify the location.

b

d

c

e

3 Escucha. ¿Qué película vieron o van a ver? Escribe la letra correcta. (1–5)

SKILLS

Listening for indirect information

When listening for **what** people are talking about, you may have to work some things out from clues you hear. For example, if they are discussing a film and someone says it was funny, you can guess that they probably saw a comedy.

4 Con tu compañero/a, haz una lista de (a) <u>nueve</u> expresiones de tiempo y (b) <u>nueve</u> verbos.

	time expressions	verbs
3 in the present	a veces, …	voy, …
3 in the preterite		
3 in the near future		

SKILLS

Listening for time clues

To understand **when** something happens, listen for time markers, e.g. **el año pasado**, but also listen carefully for verb forms when time markers *aren't* used. Are speakers using the present, the preterite or the near future tense?

5 Escucha. Copia la tabla y escribe las letras en la columna correcta. (1–4)

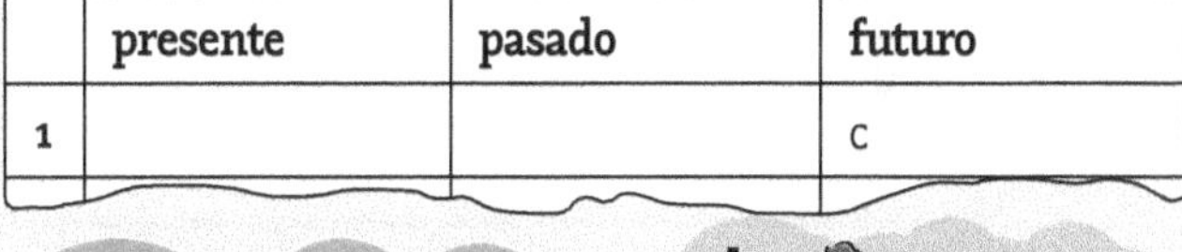

	presente	pasado	futuro
1			c

a

b

Now use the strategies you have learned to answer these 'Who? What? When? Where?' questions.

6 Escucha y contesta a las preguntas en inglés.

1 a What does Alba like doing?
  b Who does she do this for?

2 a Who is Rocío going to go to the cinema with?
  b What are they going to see?
  c What are they going to eat?

3 a When did Manolo celebrate his birthday?
  b Where did he celebrate his birthday?

4 a Where is Bea going to go?
  b When is she going to go there?
  c What are they going to eat?

● say what I like and don't like	Me chifla el judo. No me gustan nada los insectos.
● ask someone what they like / dislike	¿Qué cosas te molan? ¿Qué cosas no te gustan?
■ use the present tense of **ir**, **hacer** and **ser**	Voy al parque. Hago natación. Soy miembro de un club.
S use expressions of frequency	casi todos los días, muy a menudo

● say what I do on different days	Los lunes bailo Zumba®.
● ask someone about their week	¿Cómo organizas tu semana?
■ use the present tense of regular verbs	Cocino. Leo revistas. Escribo canciones.

● say what type of film I am going to see	Voy a ver una película de acción.
● say whether I want to go	Claro que sí. Voy a ir. / ¡Qué rollo! No voy a ir.
● say what type of films I like	Me encantan las películas de ciencia ficción.
■ use the indefinite or definite article	Voy a ver **una** comedia. Me molan **las** comedias.
■ use the near future tense	Voy a comer palomitas.

● say who I celebrated my birthday with	Celebré mi cumpleaños con mi familia.
● say where I / we went	Fui / Fuimos al parque de atracciones.
● say what I / we did there	Comí helado. Bebimos refrescos.
● say what I thought of it	¡Lo pasé guay!
■ use the preterite of regular verbs	Invité a mis amigos. Comí tarta. Recibí regalos.
■ use the preterite of **ir** and **ser**	Fui a un parque acuático. Fue alucinante.
S use sequencers	primero, luego, más tarde

● say why I am famous	Diseño ropa.
● say how it all began	A los diez años recibí una cámara.
● say what I am going to do in the future	En el futuro voy a viajar.
● interview a famous person	¿Por qué eres famoso/a? ¿Cómo empezó todo?
■ use the present and preterite of **hacer**	Hago yoga. Hice muchas cosas.
■ use three tenses together	Soy DJ. Fui a Ibiza. Voy a abrir una discoteca.

S use listening strategies:
- make predictions before listening
- listen for clues in background noises
- listen for indirect information
- listen for time markers and tenses

1 **In pairs. Add definite articles to the nouns, e.g. *los cómics*. Then take turns reading your list, paying attention to how you pronounce the letter 'c'.**

cómics · moda · cine · racismo · tareas domésticas · insectos

baile · naturaleza · pesca · lunes · deporte · artes marciales

2 **Write full sentences giving your opinion in Spanish of the items in exercise 1. E.g. *No me gustan nada los cómics*.**

3 **In pairs. Take it in turns to complete the phrases by adding an appropriate verb. E.g. *Leo revistas*. Check your endings.**

1 … revistas. · 2 … Zumba®. · 3 … natación. · 4 … al polideportivo.

5 … miembro de un equipo. · 6 … canciones. · 7 … la cena. · 8 … el teclado.

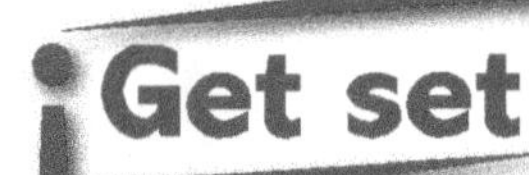

4 **Translate the message from your Spanish friend into English and write a reply.**

Este fin de semana voy a ir al cine. ¿Vas a venir? ¿Qué tipo de películas te gustan? ¿Vamos a ver una comedia o una película de aventuras? ¿Cuál es tu película favorita?

5 **In pairs. Take turns to make six sentences and then translate them into English.**

El fin de semana que viene	invité a mis amigos a ir	de pesca.
Después del insti	hacemos	judo.
El sábado pasado	vamos a ir	al polideportivo.
Los martes por la tarde	hice	natación.
	mis amigos van	al cine.

¡Go!

6 **In pairs. Take turns asking and answering these questions using full sentences.**

- ¿Qué cosas te chiflan?
- ¿Qué haces durante la semana?
- ¿Cómo fue tu último cumpleaños?
- ¿Cómo vas a celebrar tu próximo cumpleaños?

7 **Read about Silvio's week. Then change the underlined time expressions and verbs to rewrite the text:**

a in the preterite to describe last week (*El lunes pasado…*)
b in the near future to describe next week (*El lunes que viene…*).

Soy fanático de la música. Los lunes después del insti **voy** al club de jazz donde **toco** la trompeta. Los miércoles **cocino** para mi familia y **escucho** mi música favorita. Los fines de semana **veo** conciertos y vídeos en Internet. Además **escribo** canciones y **leo** revistas de música. ¡Me mola la música!

Escucha. ¿Qué cosas les gustan y no les gustan a Rosa y a Santi (1–2)? Escribe las letras correctas.

a	fashion	f	martial arts
b	team sports	g	going to the cinema
c	friends	h	nature
d	drama	i	reading
e	insects	j	fishing

1
Rosa likes ____ and ____.
She dislikes ____ and ____.

2
Santi likes ____ and ____.
He dislikes ____ and ____.

SKILLS

TRAPS!

In reading and listening tasks sometimes there are extra details (distractors) which could trip you up! Remembering TRAPS will help you deal with them:

T = Tense/Time frame
R = Reflect, don't Rush!
A = Alternative words/ synonyms
P = Positive or negative?
S = Subject (person involved)

Here, **R**, **A**, **P** and **S** are important.

Escucha la entrevista y contesta a las preguntas en inglés.

1 Why doesn't the speaker like martial arts films?
2 What does he say about the film he saw last weekend? Give two details.
3 Where does the speaker get his story ideas from?
4 How does he feel about making dinner every night? Give two details.
5 Who is going to be at his house on Sunday?

Escucha otra vez y escribe las preguntas de la entrevistadora en español. ¿Qué preguntan? (1–4)

Listen again and write down the interviewer's questions in Spanish. What are they asking?

Question words

Pay close attention to the question words when translating questions.

¿Cómo?	How/What?	**¿Cuándo?**	When?
¿Qué?	What?	**¿A qué hora?**	At what time?
¿Cuál?	Which/What?	**¿Por qué?**	Why?
¿Dónde?	Where?	**¿Quién?**	Who?
		¿Con quién?	With whom?

Con tu compañero/a, prepara una conversación con las preguntas del ejercicio 3. Inventa otras dos preguntas. Por ejemplo, 'What is your favourite film?', 'Where is the cinema?', 'Who do you go with?'.

5 Descripción de una foto. Mira la foto y prepara tus respuestas a las preguntas. Luego escucha y contesta.

- ¿Qué hay en la foto?
  En la foto hay… En el fondo…, a la derecha…
- ¿Y a ti? ¿Te gusta el deporte? ¿Por qué (no)?
  Sí, me chifla… porque… / No, no me gusta porque…
- ¿Cómo vas a celebrar tu próximo cumpleaños?
  Voy a… o…

SKILLS

Preparing a photo task

Describe what is in the photo, saying exactly where people or things are:

a la izquierda	on the left
a la derecha	on the right
en el centro	in the centre
en el fondo	in the background
un chico/una chica	a boy/a girl
unos chicos/ unas chicas	some boys/ some girls

Use **creo que** or **pienso que** to say where you think they are, and what occasion it might be:

Creo que están… **Pienso que es…**

Use the 'they' form of verbs you know (e.g. **nadar, hablar**) to say what they are doing.

6 Lee el texto e identifica las tres frases correctas.

1. *El sueño de Iván* is a fantasy film.
2. Iván is a famous footballer.
3. The film is about a football game.
4. There is romance in it.
5. Iván is the victim of a disaster in Africa.
6. The film took more than two months to make.
7. The filming was done in two different locations.

Vídeos **Fotos** **Descargas** **Reportajes**

El sueño de Iván

Género: Comedia
Duración: 1 hora y 41 minutos
Actores: Óscar Casas (Iván), Carla Campra (Paula), Fergus Riordan (Morenilla), Demián Bichir (Entrenador Torres)
Argumento: Iván es un chico de 11 años que va a jugar contra sus ídolos, los campeones del mundo del fútbol, en un partido benéfico para ayudar a las víctimas de un terrible terremoto en África. Su gran pasión es el fútbol y millones de espectadores van a ver el partido. Además, Iván va a vivir su primera historia de amor.
Rodaje: El rodaje duró ocho semanas y tuvo lugar en Alicante y en México.

7 Escribe una carta a tu amiga española.

Menciona:

- qué haces normalmente durante la semana
- tu opinión sobre las películas
- cómo fue tu último cumpleaños
- qué vas a hacer el fin de semana que viene.

SKILLS

Writing a developed response

Plan carefully. First identify the type of text (**una carta**). Then:

- Decide what exactly each bullet is asking you to do.
- Look at the verbs and time phrases to identify which tense to use.
- Ensure you write two or three sentences for each bullet.
- Develop your responses by including a variety of opinions, reasons and links.

The present tense

There are three groups of regular verbs in Spanish: **-ar**, **-er**, and **-ir**. Remember to replace the infinitive ending with the endings shown in bold to form the present tense.

bail**ar**	to dance	com**er**	to eat	escrib**ir**	to write
bail**o**	I dance	com**o**	I eat	escrib**o**	I write
bail**as**	you dance	com**es**	you eat	escrib**es**	you write
bail**a**	he/she dances	com**e**	he/she eats	escrib**e**	he/she writes
bail**amos**	we dance	com**emos**	we eat	escrib**imos**	we write
bail**áis**	you (pl) dance	com**éis**	you (pl) eat	escrib**ís**	you (pl) write
bail**an**	they dance	com**en**	they eat	escrib**en**	they write

Some verbs are irregular. Learn these by heart. Look back at page 9 to see how **ir** (to go), **hacer** (to do or make) and **ser** (to be) work in the present tense.

1 Copy and complete the text with the correct present-tense verb.

Me llamo Fabio. Los lunes **1** ___ a la piscina donde **2** ___ natación. Los martes mis hermanos y yo **3** ___ Zumba® – **4** ___ miembros de un club. Los miércoles mi hermana **5** ___ el piano. También **6** ___ canciones muy a menudo. Los jueves mis hermanos **7** ___ para mi familia. Los viernes **8** ___ libros y **9** ___ helados.

bailamos | leo | cocinan | toca | voy | somos | como | hago | escribe

The present tense of stem-changing verbs

In stem-changing verbs, the vowel in the stem changes in the 'I', 'you' (singular), 'he/she' and 'they' forms.

jugar (to play) → **jue**go (I play), **jue**gan (they play)
preferir (to prefer) → pref**ie**ro (I prefer), pref**ie**re (he/she prefers)

Entender (to understand) and **querer** (to want) work in the same way as **preferir** in the present tense.

2 Unjumble the verbs, then translate the sentences into English.

1 *egouJ* en mi consola después del insti.
2 ¿Qué *feeeprirs*, el cine o la moda?
3 *ugJane* al fútbol casi todos los días.
4 Berta *frerpeei* recetas mexicanas.
5 ¿*esQurei* palomitas?
6 No *eeiontnd* el racismo.

The near future tense

You use the near future tense to say what you are going to do. To form the near future tense, use the present tense of **ir** (to go) + **a**, followed by the infinitive. See all the parts of **ir** on page 12.

Voy a comer palomitas. I am going to eat popcorn.
Vamos a jugar al tenis. We are going to play tennis.

3 Translate these sentences into Spanish.

1 We are going to see a horror film.
2 Are you (singular) going to come?
3 They are going to open a nightclub.
4 In the future, I am going to travel.
5 It is going to be cool.
6 Are you (plural) going to take photos?

The preterite

You use the preterite to talk about the past. For regular verbs, replace the infinitive ending with the endings in bold, below.

nad**ar**	to swim	beb**er**	to drink	escrib**ir**	to write
nad**é**	I swam	beb**í**	I drank	escrib**í**	I wrote
nad**aste**	you swam	beb**iste**	you drank	escrib**iste**	you wrote
nad**ó**	he/she swam	beb**ió**	he/she drank	escrib**ió**	he/she wrote
nad**amos**	we swam	beb**imos**	we drank	escrib**imos**	we wrote
nad**asteis**	you (pl) swam	beb**isteis**	you (pl) drank	escrib**isteis**	you (pl) wrote
nad**aron**	they swam	beb**ieron**	they drank	escrib**ieron**	they wrote

The irregular verbs **ir** (to go) and **ser** (to be) are the same in the preterite. For example, **fui** means 'I went' and 'I was', **fuimos** means 'we went' and 'we were'. See all the parts on page 14.

Some verbs have a spelling change in the **yo** 'I' form of the preterite:

sacar (to take) → sa**qué** (I took)
tocar (to play an instrument) → to**qué** (I played)
jugar (to play) → ju**gué** (I played)
empezar (to begin) → empe**cé** (I began)

Hacer (to do or make) is irregular in the preterite:

hice	I did	**hic**imos	we did
hiciste	you did	**hic**isteis	you (pl) did
hizo	he/she did	**hic**ieron	they did

4 How do you say the following in Spanish? Choose the correct answer.

1 he ate
a comí b comieron c comió

2 we received
a recibimos b recibiste c recibieron

3 you (sg) travelled
a viajó b viajaste c viajasteis

4 I played
a jugué b jugé c jugó

5 you (pl) went
a fuiste b fueron c fuisteis

6 they did
a hizo b hicimos c hicieron

Using different tenses

Use the **present tense** to describe something that you **do** now or that you regularly **do**.
Use the **preterite** to describe what you **did** in the past.
Use the **near future tense** to talk about what you are **going to do**.

5 Read the text and fill in the gaps with the correct verb. There are two verbs too many.

Los fines de semana **1** ___ al parque, donde **2** ___ al voleibol. **3** ___ miembro de un club de voleibol. Me encanta. El sábado pasado **4** ___ todo el día y luego **5** ___ a un restaurante con mis amigos. El año que viene **6** ___ un torneo en Madrid.

voy a ser juego voy a ver jugué soy veo voy fui

6 Copy this text and put the infinitives in brackets into the yo 'I' form of the correct tense.

1 (Ser) entrenador de judo. **2** (Hacer) judo todos los días y **3** (ser) cinturón negro. A los siete años **4** (recibir) un judogi y **5** (empezar) a hacer judo. En el futuro **6** (abrir) una escuela de judo y **7** (dedicar) mi vida a las artes marciales. También **8** (practicar) taekwondo.

Opiniones — Opinions

¿Qué cosas te gustan?	What things do you like?	**el racismo**	racism
¿Qué cosas te encantan / te chiflan / te flipan / te molan?	What things do you love?	**el teatro**	theatre
		la moda / la música	fashion / music
		la naturaleza / la pesca	nature / fishing
Me gusta(n)…	I like…	**la violencia**	violence
Me encanta(n) / Me chifla(n) / Me flipa(n) / Me mola(n)…	I love…	**los cómics / los lunes**	comics / Mondays
		los insectos	insects
		las artes marciales	martial arts
No me gusta(n) (nada)…	I don't like… (at all).	**las injusticias**	injustice
el baile / el cine	dance / cinema	**las tareas domésticas**	household chores
el deporte / el dibujo	sport / drawing	**los animales**	animals

En mi tiempo libre — In my free time

Hago judo / natación.	I do judo / go swimming.	**Voy de pesca.**	I go fishing.
Voy al parque / polideportivo.	I go to the park / sports centre.	**Soy miembro de un club / un equipo.**	I am a member of a club / a team.

Expresiones de frecuencia — Expressions of frequency

a veces	sometimes	**casi todos los días**	almost every day
dos veces a la semana	twice a week	**todo el tiempo**	all the time
muy a menudo	very often	**siempre**	always

¿Cómo organizas tu semana? — How do you organise your week?

Bailo Zumba®.	I dance Zumba.	**Navego por Internet.**	I surf the internet.
Cocino para mi familia.	I cook for my family.	**Preparo la cena.**	I prepare dinner.
Escribo canciones.	I write songs.	**Saco fotos.**	I take photos.
Juego en mi consola.	I play on my games console.	**Toco el teclado.**	I play the keyboard.
Leo revistas / libros.	I read magazines / books.	**Veo un partido de fútbol.**	I watch a football game.
Monto en bici.	I ride a bike.		

¿Cuándo? — When?

después del insti(tuto)	after school	**los lunes / martes**	on Mondays / Tuesdays
este fin de semana	this weekend	**los jueves por la tarde**	on Thursday afternoons
los fines de semana	at weekends	**mañana por la tarde**	tomorrow afternoon

Cartelera de cine — What's on at the cinema

Voy a ver…	I am going to see…	**una película de fantasía**	a fantasy film
una comedia	a comedy	**una película de superhéroes**	a superhero film
una película de acción	an action film		
una película de animación	an animated film	**una película de terror**	a horror film
una película de aventuras	an adventure film	**¿Vas a venir?**	Are you going to come?
una película de ciencia ficción	a science-fiction film	**¿Vamos a ver…?**	Are we going to see…? / Shall we see…?

Reacciones Reactions

Claro que sí.	Of course.	**¿Estás loco/a?**	Are you crazy?
De acuerdo.	All right.	**¡Ni en sueños!**	Not a chance!
(No) voy a ir.	I am (not) going to go.	**¡Qué rollo!**	How boring!
No, gracias.	No thanks.		

¿Qué tipo de películas te gustan? What type of films do you like?

Me encantan las comedias.	I love comedies.	**¿Qué tipo de película es?**	What type of film is it?
No me gustan las películas de terror.	I don't like horror films.	**Es una comedia.**	It is a comedy.
		En mi opinión…	In my opinion…
Mi película favorita es…	My favourite film is…	**Creo / Pienso que…**	I think (that)…

¿Cómo fue tu cumpleaños? How was your birthday?

Celebré mi cumpleaños con mi familia / mis amigos.	I celebrated my birthday with my family / my friends.	**Invité a mis amigos a pasar la noche en mi casa.**	I invited my friends to sleep over at my house.
		Bebí / Bebimos refrescos.	I / We drank soft drinks.
¿Qué hiciste?	What did you do?	**Comí / Comimos tarta de cumpleaños.**	I / We ate birthday cake.
Fui / Fuimos al parque de atracciones.	I / We went to the theme park.	**Recibí muchos regalos.**	I received lots of presents.
		Fue alucinante / increíble.	It was amazing / incredible.

Palabras muy frecuentes High-frequency words

así que	so, therefore	**o**	or
casi	almost, nearly	**por supuesto**	of course
primero	first	**quizás**	perhaps, maybe
luego	then	**también**	also, too
después	afterwards	**además**	in addition, furthermore
más tarde	later		

Estrategia 1

Using the preterite

Many verbs in Module 1 are regular in the preterite:

celebrar	(to celebrate)	→ **celebré**	(I celebrated)
comer	(to eat)	→ **comí**	(I ate)
recibir	(to receive)	→ **recibí**	(I received)

You've also met some verbs that are irregular:

ver	(to see)	→ **vi**	(I saw)
hacer	(to do / make)	→ **hice**	(I did / made)
ser	(to be)	→ **fui**	(I was)
ir	(to go)	→ **fui**	(I went)

Try writing these verbs out on sticky notes and sticking them on your diary, around your bedroom or on your fridge, so that you see them often and learn them.

Así soy yo

- Writing a rap
- Using rhyme and rhythm in Spanish

Pon en parejas las palabras que riman.
Pair up the words that rhyme.

Ejemplo: animación – pasión

libro animación animales genial terror
miembro viajar artes marciales cocinar pasión
horror alucinante fenomenal importante

Zona Cultura

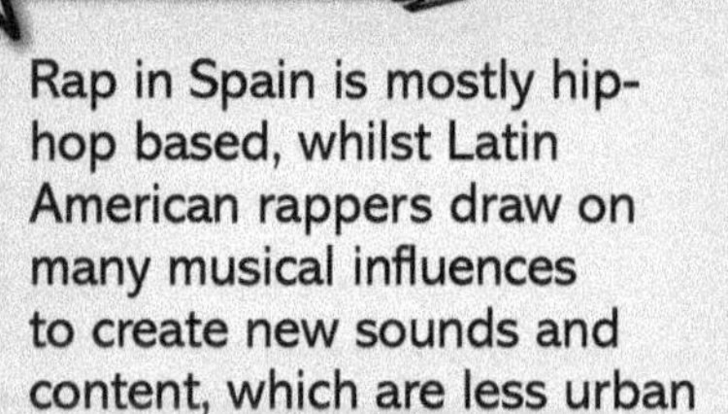

Rap in Spain is mostly hip-hop based, whilst Latin American rappers draw on many musical influences to create new sounds and content, which are less urban than UK or US rap.

Con tu compañero/a, empareja las dos frases que riman y tienen el mismo ritmo.
With your partner, match up the two sentences that rhyme and have the same rhythm.

Ejemplo: **1** d

1 Fanático del fútbol – así soy yo.
2 Ayer comí tortilla.
3 Las películas de acción son mis favoritas.
4 El deporte es mi pasión.
5 Me chifla el baile. ¡Fenomenal!

a Creo que tienes razón.
b Me gusta ir al cine y comer palomitas.
c Me gusta la música. ¡Es genial!
d Juego los viernes con mi equipo.
e ¡Es una maravilla!

Escucha y comprueba tus respuestas. (1–5)

Escucha el rap y completa las frases.

Fanático del fútbol – así soy yo.
Fanático del fútbol – **1** ___ soy yo.
El Barça es mi equipo favorito.
Veo los partidos **2** ___.

Fanático del fútbol – así soy yo.
Fanático del fútbol – así soy yo.
Soy miembro de un **3** ___. Soy el portero.
Juego después del insti cuando hace buen tiempo.

Fanático del fútbol – así soy yo.
Fanático del fútbol – así soy yo.
La semana pasada **4** ___ mi cumpleaños.
Yo vi un partido con un grupo de **5** ___.

Fanático del fútbol – así soy yo.
Fanático del fútbol – así soy yo.
El verano que viene voy a ver otro **6** ___.
Voy a ir a Madrid a mi estadio favorito.

Fanático del fútbol – así soy yo.
Fanático del fútbol – así soy yo.

5 Escribe las letras de las frases correctas para cada persona.

1 Fanático de la comida – así soy yo.

2 Fanática de la moda – así soy yo.

el pulpo *octopus*

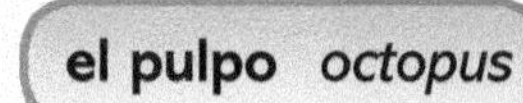

a Ayer compré una falda fantástica.
b Mi vida a la comida yo voy a dedicar.
c Ayer en casa comí calamares.
d Voy a comprar una chaqueta gris.
e Pulpo, pollo o ensalada…
f Me chifla la moda, soy fanática.
g Normalmente cocino todos los días.
h Mañana voy a ir de compras a París.

6 Utiliza las frases del ejercicio 5 para escribir dos raps posibles, uno para cada persona.

Ejemplo: **1** Fanático de la comida – así soy yo.
Ayer en casa comí calamares.
…

7 Con tu compañero/a, haz una lluvia de ideas sobre frases para un rap.
With your partner, brainstorm phrases for a rap.

Fanático/a de la música – así soy yo.

Fanático/a del cine – así soy yo.

favorito/ divertido

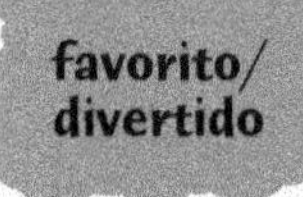

escuchar/ bailar

Look back at Units 1–3 in this module to help you with ideas and vocabulary.

8 Con tu compañero/a, escribe el rap 'Fanático/a de la música – así soy yo' o 'Fanático/a del cine – así soy yo'.

- Think about the rhythm.
- Come up with a 'beat'.
- Think about the rhymes.
- Use the structure of the rap in exercise 4 to help you.
- Write at least three verses.
- Try to refer to the past, the present and the future.

9 Con tu compañero/a, haz un vídeo de tu rap.

¡MODULE 2!

¡Oriéntate!

1 Enrique Iglesias trabaja como…

- **a** conductor de autobuses.
- **b** cantante.
- **c** piloto.
- **d** astronauta.

2 Salvador Dalí trabajó como…

- **a** fotógrafo.
- **b** policía.
- **c** artista.
- **d** secretario.

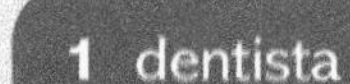

3 Empareja los empleos con las fotos correctas.

1. dentista
2. florista
3. programador
4. arqueólogo

a

b

c

d

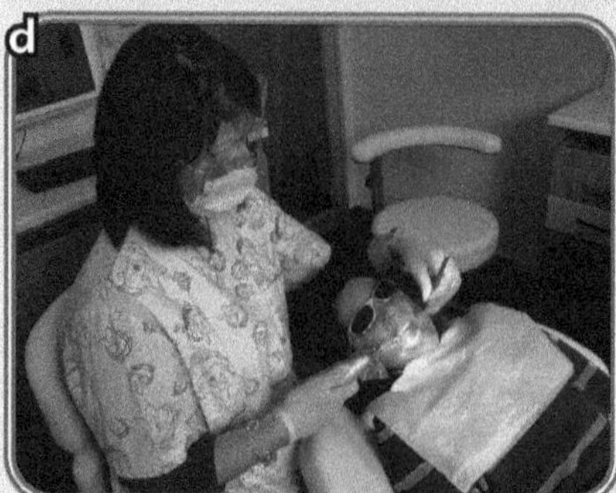

¿Quién trabaja como…?

1 actriz
2 diseñadora
3 piloto de Fórmula 1
4 futbolista
5 jugador de baloncesto

a Sergio Pérez

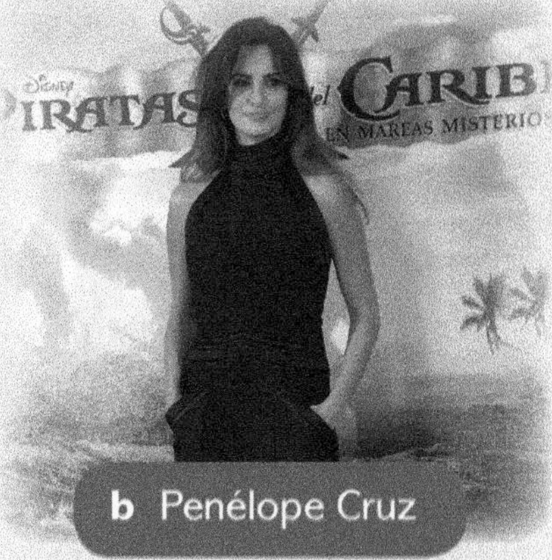

b Penélope Cruz

c Dani Carvajal

d Ricky Rubio

e Agatha Ruiz de la Prada

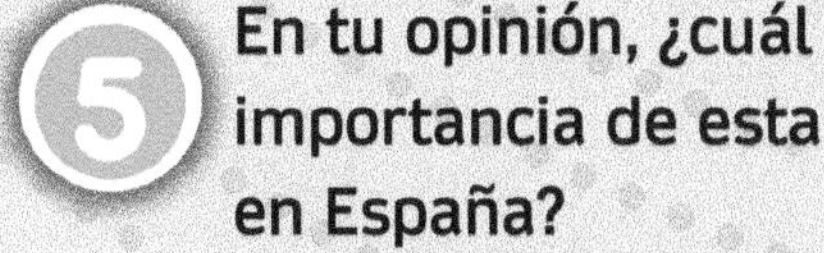

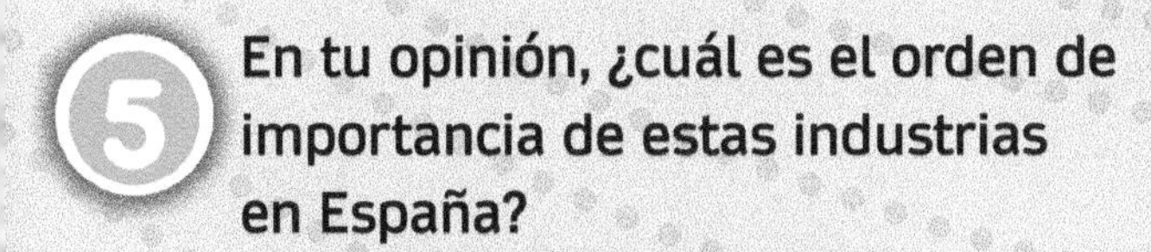

En tu opinión, ¿cuál es el orden de importancia de estas industrias en España?

a ropa y textil
b turismo
c automóviles
d alimentos y bebidas

Did you know that the high street fashion stores *Zara* and *Mango* are both Spanish? *Zara* launches around 10,000 new designs each year and it takes just two to three weeks for their designs to become products on the shop floor! Of these products, 50% are made in and around Spain, 26% in the rest of Europe and the remaining 24% in other parts of the world.

¿Qué tipo de persona trabaja como payaso?

Trabajar como payaso

Trabajar como payaso es una alternativa de empleo que se presenta como una opción ideal para muchos jóvenes extrovertidos y también para adultos. No hay límite de edad, sólo es necesaria una personalidad divertida, creativa y paciente.

Hotel Catástrofe

- Saying what you have to do at work
- Using **tener que**

1 ¿En qué consiste su trabajo? Escribe la letra correcta.

Ejemplo: **1** e

¿En qué consiste tu trabajo?

a

Soy camarero.

b
Soy peluquero.

c

Soy limpiadora.

d

Soy jardinero.

e

Soy cocinera.

f

Soy esteticista.

g

Soy dependiente.

h

Soy recepcionista.

1 Tengo que preparar comida.
2 Tengo que cortar el pelo a los clientes.
3 Tengo que servir la comida en el restaurante.
4 Tengo que limpiar habitaciones.
5 Tengo que vender productos en la tienda.
6 Tengo que cuidar las plantas.
7 Tengo que contestar al teléfono y ayudar a los clientes.
8 Tengo que hacer manicuras.

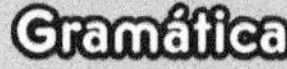

Gramática

Tener + **que** + infinitive = to have to

Tengo que limpiar habitaciones.	I have to clean rooms.
¿Tienes que contestar al teléfono?	Do you have to answer the phone?

Remember that **tener** is an irregular verb. Revise the full verb in the present tense on page 48.

>> p48

2 Escucha y comprueba tus respuestas. (1–8)

3 Busca el equivalente de las frases en español en el ejercicio 1.

Ejemplo: **1** cuidar las plantas

1 to look after the plants
2 to answer the telephone
3 to sell products in the shop
4 to clean rooms
5 to help customers
6 to prepare food
7 to do manicures
8 to cut hair

4 Con tu compañero/a, elige un trabajo del ejercicio 1. Haz mímica de tu trabajo. Tu compañero/a adivina en qué trabajas.

With your partner, choose a job from exercise 1. Mime your job. Your partner guesses what you work as.

- ● ¿En qué consiste tu trabajo?
- ■ [Mime cutting hair.]
- ● ¿Tienes que cortar el pelo?
- ■ Sí, tengo que cortar el pelo.
- ● ¿Eres peluquero/a?
- ■ Sí, soy peluquero/a.

When saying what job you do, you don't use an indefinite article: **Soy recepcionista.**

Some job titles have different masculine and feminine endings:

peluquero → peluquera
dependiente → dependienta

However, some don't change, e.g. **recepcionista**.

Pronunciación

Remember, in Spanish **j** is pronounced as a raspy **h** sound, e.g. jardinero, trabajo, jefe.

>> p139

Empareja las opiniones con las personas correctas en el dibujo del hotel.

Ejemplo: **1** e

1

No me gusta nada mi trabajo. Es estresante y además mi jefe no es muy educado.

2

Me encanta mi trabajo. Es interesante y bastante creativo. Además, mi compañero es muy simpático.

3

Me encanta mi trabajo porque es estimulante. ¡Me chifla la naturaleza! No es monótono. Además, los clientes son muy educados.

4

Por lo general me gusta mi trabajo, pero a veces es difícil porque los clientes son exigentes y además no son simpáticos.

5

No me gusta nada mi trabajo. Es duro porque los hijos de los clientes son maleducados y además el trabajo es repetitivo.

mi jefe	*my boss*
educado/a	*polite*
exigente	*demanding*

Escucha. Copia y completa la tabla en inglés. (1–3)

	job	what (s)he has to do	opinion and reasons
1	hairdresser	cut hair	…

Con tu compañero/a, haz un diálogo. Utiliza las preguntas e inventa tus respuestas.

- ¿En qué consiste tu trabajo?
- ¿Cómo es tu jefe?
- ¿Cómo son los clientes?
- ¿Cómo son los hijos de los clientes?

Trabajas en un parque de atracciones. Describe tu trabajo.

Write about:

- what your job is
- whether you like it and give reasons (using expressions such as **por lo general**, **porque** and **además**)
- what you have to do
- what your boss is like
- what the customers are like.

¿En qué te gustaría trabajar?

- Saying what job you would like to do
- Using correct adjective agreement

Escucha y lee. Escribe la letra correcta. (1–8)

Ejemplo: **1** d

¿En qué te gustaría trabajar?

1 Soy muy ambicioso. Quiero ser cantante.

2 Soy muy responsable, así que me gustaría ser policía.

3 En mi opinión, soy bastante independiente. Quiero ser taxista.

4 Pienso que soy muy práctico. Por eso quiero ser mecánico.

5 Creo que soy bastante paciente, así que me gustaría ser enfermera.

6 Soy creativa y sociable. Por eso quiero ser diseñadora.

7 En mi opinión, soy muy serio, así que me gustaría ser periodista.

8 Creo que soy inteligente y organizada, y por eso quiero ser abogada.

a 

b 
c 
d 
e 

f 
g 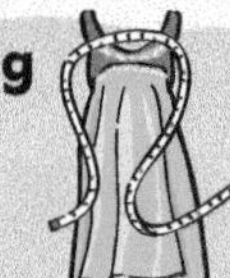
h 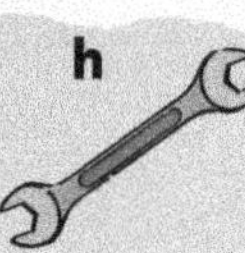

Gramática

Remember, adjectives must agree in gender and in number with the nouns they describe.

singular		plural	
masculine	**feminine**	**masculine**	**feminine**
creativo responsable	creativa responsable	creativos responsables	creativas responsables

>> p48

SKILLS

Así que and **por eso** both mean 'so / therefore'.

Use **así que** in the middle of a sentence.

Use **por eso** at the beginning of a sentence or after **y**.

Busca <u>diez</u> adjetivos en las frases del ejercicio 1. Copia y completa la tabla.

singular		plural	
masculine	feminine	masculine	feminine
ambicioso	ambiciosa	ambiciosos	ambiciosas

Escucha. ¿Qué tipo de persona es? ¿En qué le gustaría trabajar? Apunta los datos en español para cada persona. (1–4)

	carácter	trabajo
1	paciente, ...	

Rubén y Alejandra hacen un cuestionario. Escucha y lee las preguntas. Apunta sus respuestas.

Ejemplo: **1** Rubén: b, Alejandra:...

al aire libre *in the open air*

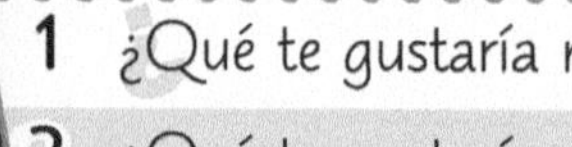

1 ¿Qué te gustaría más? **a** trabajar en una oficina **b** trabajar al aire libre

2 ¿Qué te gustaría más? **a** trabajar solo/a **b** trabajar en equipo

3 ¿Qué te gustaría más? **a** hacer un trabajo creativo **b** hacer un trabajo manual

4 ¿Qué no te gustaría nada? **a** trabajar con niños **b** trabajar con animales

Con tu compañero/a, haz el cuestionario del ejercicio 4.

● Pregunta número uno: ¿Qué te gustaría más? (a) trabajar en una oficina o (b) trabajar…

■ A ver / Bueno / Pues…

Lee los anuncios. Empareja las personas (1–4) con el empleo correcto (a–f). Sobran dos anuncios.

Read the adverts. Match the people to the correct job. There are two adverts too many.

me da igual	*I don't mind*
trabajador(a)	*hard-working*

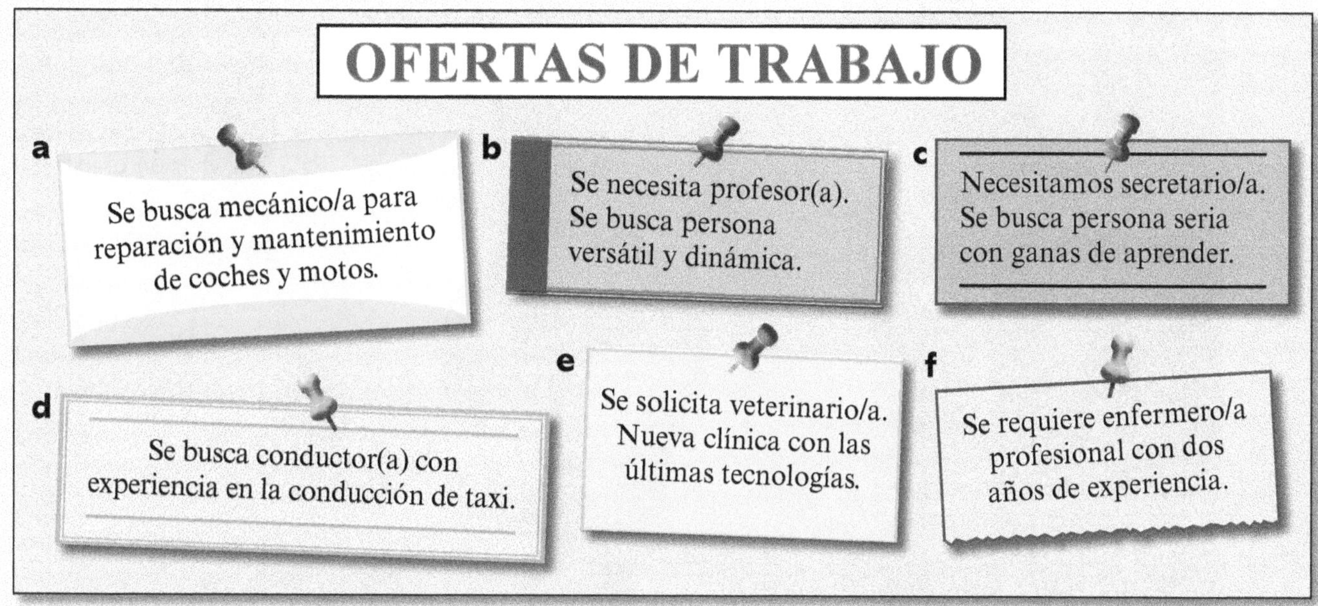

1 Pienso que soy inteligente y organizado. Además, soy serio, pero no soy muy creativo. Me gustaría trabajar en una oficina, solo o en equipo. Me da igual.

2 Creo que soy trabajador y también responsable. Me gustaría hacer un trabajo manual. Me chiflan las motos. Son geniales, sobre todo las Harley-Davidson.

3 Pienso que soy muy paciente y bastante sociable. Además, soy independiente. Me gustaría trabajar con niños porque son muy divertidos. Sin embargo, no me gustaría nada trabajar al aire libre.

4 En mi opinión, soy inteligente y bastante práctica. Además, soy muy organizada. Me gustaría trabajar con animales.

Traduce el texto al español.

Look back at exercises 1 and 6 for help with connectives.

I'm practical and quite hard-working. In addition, in my opinion I'm very creative. I would like to work outdoors because it's fun. However, I wouldn't like to work with animals. Therefore, I think that I want to be a gardener.

Remember these phrases are followed by the infinitive.

Which word do you not translate here?

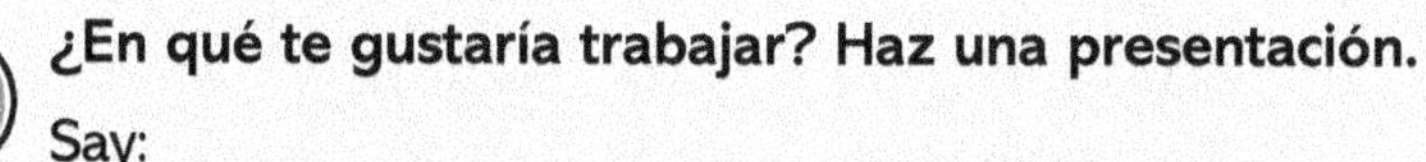

¿En qué te gustaría trabajar? Haz una presentación.

Say:

- what you think you are like **(Creo que soy muy… y también pienso que soy bastante…)**
- where you want to work **(Me gustaría trabajar al / en…)**
- what you want to be **(Por eso quiero ser… / así que me gustaría ser…)**
- what you would not like to do **(Sin embargo, no me gustaría nada…).**

¿Cómo va a ser tu futuro?

- Talking about your future
- More practice with the near future tense

Escucha. ¿Qué van a hacer en el futuro? Escribe las <u>dos</u> letras correctas para cada persona. (1–4)

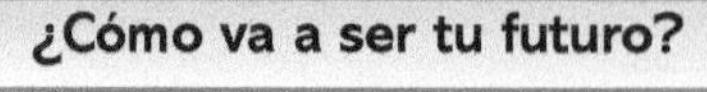

Ejemplo: **1** g, …

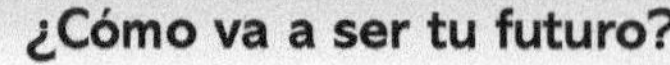

a tener hijos

b viajar

c vivir en el extranjero

d hacer un trabajo interesante

e ganar mucho dinero

f ser famoso/a

g ir a la universidad

h ser voluntario/a

Escribe las frases del ejercicio 1 en el orden de importancia para ti.

Compara tu lista del ejercicio 2 con tu compañero/a.

Ejemplo:

- ● Pues… ser voluntario/a es muy importante para mí.
- ■ No estoy de acuerdo. Eh… ser famoso/a es más importante para mí.

Use fillers to help you sound more Spanish when you are thinking about what to say:

Pues… Bueno… A ver… Eh… No sé…

Gramática

Use the present tense to say <u>what is happening now</u>.
Use the near future tense to say <u>what is going to happen in the future</u>.

Viajo mucho. I travel a lot.	**Voy a viajar mucho.** I am going to travel a lot.
Ganas dinero. You earn money.	**Vas a ganar dinero.** You are going to earn money.
Es interesante. It is interesting.	**Va a ser interesante.** It is going to be interesting.

Look back at page 12 to help you form the near future tense.

>> p48

Lee la canción y completa las frases con las palabras del recuadro. Luego, escucha la canción, comprueba tus respuestas y ¡canta!

el estribillo *chorus*

vas a ser
va a
hacer
va a ser
a ser
a ganar
soy
eres

Estribillo
Adivina, adivina, ¿qué voy a **1**___?
Consulta tu bola, ¿cómo va a ser?
Adivina, adivina, ¿qué vas a ver?
Mi futuro, mi futuro, ¿cómo **2**___ ser?

Soy creativo, ambicioso, no **3**___ nada serio.
¿Cuál va a ser mi futuro?

Eres creativo, ambicioso, no eres nada serio.
En el futuro vas **4**___ mucho dinero.
¡**5**___ extraordinario!

(Estribillo)

Soy paciente, inteligente, no soy nada práctico.
¿Cuál va a ser mi futuro?

Eres paciente, inteligente, no **6**___ nada práctico.
Si consulto mi bola… ¡**7**___ voluntario!
¡Va **8**___ inolvidable, chico!

(Estribillo)

Así va a ser tu futuro…

Lee los textos. Copia y completa la tabla con las letras correctas.

	presente	futuro
Penélope	f, …	
Santiago		

En este momento trabajo en un hotel. Soy limpiadora. Tengo que limpiar habitaciones y a veces tengo que ayudar a los clientes. No me gusta nada mi trabajo. Es repetitivo y además, mi jefe es muy antipático. Soy bastante creativa, y por eso en el futuro me gustaría hacer un trabajo creativo. Voy a viajar y luego voy a vivir en el extranjero. Voy a ser artista. Va a ser mucho más estimulante.
Penélope

En este momento trabajo en un restaurante. Soy camarero y tengo que servir la comida a los clientes. Me gusta mi trabajo, pero a veces es difícil porque los clientes son exigentes, y además los niños son maleducados. Me chifla la música y soy muy ambicioso. Quiero ser cantante. No me gustaría nada trabajar en una oficina. En el futuro voy a ser famoso y voy a ganar mucho dinero. ¡Va a ser flipante!
Santiago

a 

b 

c 

d 

e 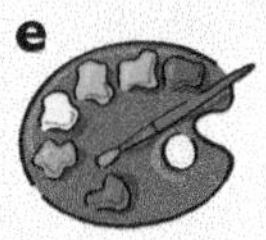

f 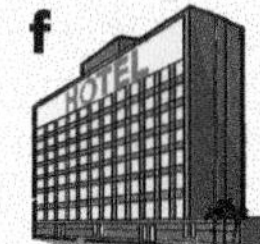

g 

h 

Tienes una bola de cristal. Haz predicciones para dos amigos/as. Luego escribe tus propias predicciones.

You have a crystal ball. Make predictions for two friends. Then write predictions for yourself.

Ejemplo:

Creo que eres muy… y bastante…
En mi opinión, vas a ser / trabajar / ir…
Va a ser…

Using two tenses

Using two tenses (e.g. the present and the near future) adds variety to your writing and helps to raise your level.

¿Cómo es un día típico?

- Describing your job
- More practice using three tenses

Escucha y lee la entrevista. ¿Qué dos cosas no se mencionan?

¿En qué trabajas?
Soy guía turístico.

¿Por qué decidiste ser guía turístico?
Me gusta mucho conocer gente nueva, y por eso decidí ser guía turístico. Estudié en una escuela de turismo y me encantó.

¿Cómo es un día de trabajo típico?
Primero voy a la oficina y leo mi agenda. Luego diseño y organizo visitas. Hablo con turistas, busco información y a veces salgo con grupos.

¿Qué cualidades tiene que tener un guía turístico?
Tienes que ser organizado, responsable y muy tolerante.

¿Los idiomas son importantes en tu trabajo?
Por supuesto. Hablo español, inglés y alemán. Tengo que hablar con grupos de visitantes de nacionalidades diferentes. Para un guía turístico, hablar idiomas es una cosa muy importante.

¿Cuáles son tus ambiciones para el futuro?
Quiero ser director de una oficina de turismo. Voy a estudiar y un día voy a trabajar como director. ¡Va a ser guay!

las cualidades	*qualities*
los idiomas	*languages*
el alemán	*German*

a Paco loved studying to be a tour guide.
b Paco designs and organises visits.
c Paco drives a tour bus.
d Tour guides have to be organised, responsible and very tolerant.
e Paco has to speak to groups of visitors of different nationalities.
f Paco thinks that speaking languages is very important for a tour guide.
g Paco speaks Portuguese.
h Paco wants to be in charge of a tourist office.
i Paco is going to study in order to do this.

Gramática

Remember, **-ar**, **-er** and **-ir** verb groups follow different patterns in the present tense and the preterite. Learn irregular verbs by heart.

	infinitive	present	preterite	near future
regular verbs	**trabajar** **leer** **decidir**	trabajo leo decido	trabajé leí decidí	voy a trabajar voy a leer voy a decidir
irregular verbs	**salir** **tener** **ir** **ser** **hacer**	salgo tengo voy soy hago	salí tuve fui fui hice	voy a salir voy a tener voy a ir voy a ser voy a hacer

>> p49

Copia y completa la tabla para los nueve verbos subrayados en el ejercicio 1. Rellena todas las columnas.

infinitive	present	preterite	near future
ser	soy	…	…

Traduce al inglés el texto del ejercicio 1 desde '¿Los idiomas son importantes en tu trabajo?' hasta 'una cosa muy importante'.

Zona Cultura

Spanish is the second most widely spoken first language in the world after Mandarin! If you want to work in industry, fashion or tourism, it is an extremely useful language to learn.

Esta chica es diseñadora. Empareja las preguntas con sus respuestas.

Ejemplo: **1** c

1 ¿En qué trabajas?
2 ¿Por qué decidiste ser diseñadora?
3 ¿Cómo es un día de trabajo típico?
4 ¿Qué cualidades tiene que tener una diseñadora?
5 ¿Los idiomas son importantes en tu trabajo?
6 ¿Cuáles son tus ambiciones para el futuro?

a Primero preparo mis cosas. Luego voy a la oficina, donde trabajo y hablo con mi equipo.
b Voy a diseñar algo para Lady Gaga. ¡Va a ser increíble!
c Soy diseñadora.
d Claro que sí. Los idiomas son muy importantes. Hablo español e inglés. Con un segundo idioma es más fácil encontrar trabajo, y también es útil porque viajo mucho.
e Tienes que ser creativa, artística y muy organizada.
f Me chifla la moda, así que estudié diseño de moda y me encantó.

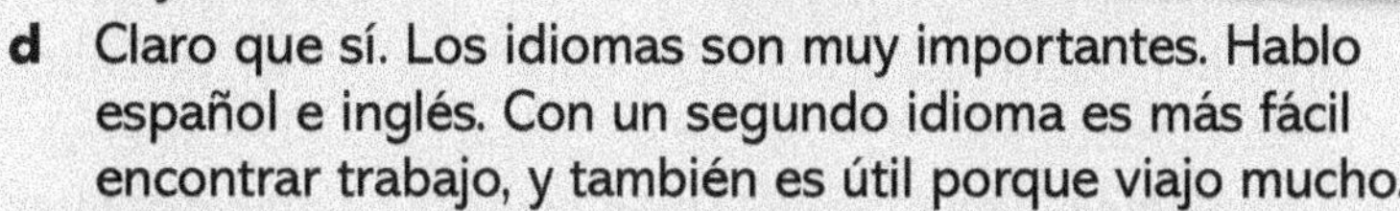

Escucha a Manuel y elige la respuesta correcta.

1 Manuel es...
a entrenador.
b jugador de fútbol.

2 En un día típico...
a viaja mucho.
b trabaja con su equipo.

3 En su trabajo los idiomas...
a no son nada importantes.
b son muy importantes.

4 Manuel...
a tiene que comunicarse bien.
b no tiene que comunicarse.

5 En el futuro Manuel va a trabajar...
a en América del Sur.
b en Europa.

Escribe la entrevista.

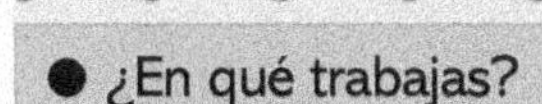

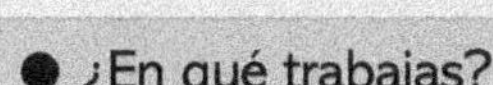

● ¿En qué trabajas?	■ agente de viajes
● ¿Por qué decidiste ser...?	■ ♥ el contacto con la gente, → estudiar turismo ♥
● ¿Cómo es un día de trabajo típico?	■ hablar con clientes, hacer reservas, dar información
● ¿Qué cualidades tiene que tener un(a)...?	■ ser simpático/a, positivo/a, organizado/a
● ¿Los idiomas son importantes en tu trabajo?	■ ✓español, inglés, alemán
● ¿Cuáles son tus ambiciones para el futuro?	■ viajar, trabajar en un hotel importante

Con tu compañero/a, haz la entrevista del ejercicio 6. Luego, inventa otra entrevista con un(a) cocinero/a.

The verbs for exercises 6 and 7 are given in the infinitive. Which tense will you need to use them in? Present, preterite or near future? Make sure you form each tense correctly.

Mi diccionario y yo

- Checking for accuracy and looking up new words
- Using reference materials

WRITING SKILLS

¿Cuál es la palabra correcta en español?

1 a guide
  a un guía
  b un guia
  c un guío

2 the mechanic
  a la mecánico
  b el mecánico
  c el mecanico

3 the office
  a el oficina
  b la oficina
  c la officina

4 a language
  a una idioma
  b una idíoma
  c un idioma

5 nice
  a simpatíco
  b simpatico
  c simpático

6 to design
  a diseñar
  b disenar
  c disenyar

SKILLS

Checking for accuracy

Always make sure that your written work is accurate. To check spelling, accents or the gender of a noun, you can look at:

- the relevant module and unit (use the contents list on pages 3–5 to find the right one)
- the Palabras pages at the end of each module
- the Minidiccionario section at the back of the book.

Busca y corrige los seis errores en los verbos de la entrevista.

¿En qué trabajas?
Soy arquitecto.

¿Por qué decidiste ser arquitecto?
Fui de viaje a Nueva York y vi unos edificios increíbles, así que a los 16 años decidir ser arquitecto.

¿Cómo es un día típico?
Primero preparar mis cosas y estudio mis proyectos. Luego fui a la oficina, donde hablo con mi equipo. Me encanta mi trabajo porque es muy variado.

¿Qué cualidades tiene que tener un arquitecto?
Tenas que ser independiente, organizado y muy metódico.

¿Los idiomas son importantes en tu trabajo?
Por supuesto. En mi opinión, hablo idiomas es una cosa muy positiva.

¿Cuáles son tus ambiciones para el futuro?
Quiero diseñar un edificio público. Voy a diseño algo moderno. ¡Va a ser fenomenal!

el edificio	*building*
metódico/a	*methodical*

SKILLS

Checking grammar in *¡Viva!*

To check grammar points, you can look at:

- the relevant module and unit
- the *Gramática* pages at the end of each module.

To check verbs (especially irregular ones), you can also look at:

- the *Tabla de Verbos* on pages 136–138.

SKILLS

Starting with what you know

Always start a piece of writing by using vocabulary and structures that you know. If you need to use a word you don't know, look it up in a dictionary, but make sure you choose the right translation! In exercise 3, how many words would you need to look up?

Traduce las frases al español.

1 In the future I am going to have seven ferrets.
2 I want to be a palaeontologist.
3 Would you like to visit Spain?
4 In my opinion, languages are important.
5 Last summer I swam in a lake.
6 Do you like theme parks?

SKILLS

Using translation tools and dictionaries

Be wary of online translation tools! Like dictionaries, they can often give rise to 'howlers'.

Think about the English word 'bank':
I work in a **bank.**
You can **bank** on it.
There was a steep **bank** at the side of the road.

Would the translation for each be the same? Discuss with a partner.

Busca la traducción apropiada para la palabra subrayada en un diccionario.

1 Last year, I worked in a <u>bar</u>.

2 She bought a <u>bar</u> of chocolate.

3 The music has six <u>bars</u>.

4 He spent three years behind <u>bars</u>.

5 Do you have a <u>bar</u> of soap?

Traduce el texto al español.

I am a lawyer. I think I am intelligent and I am also hard-working. I am quite stern and very meticulous. I have to be independent in my profession.

A typical day is like this: first I prepare my things, and then I go to the court. Sometimes I work until eleven at night. I like my job very much, but it can be stressful because the clients are demanding.

así *like this*

Elige una profesión. Imagina que es tu trabajo. Escribe un párrafo.

Choose a profession. Imagine it is your job. Write a paragraph.

- Say what job you do and what your personality is like.
- Describe a typical day.
- Give an opinion about your job, with reasons.

Remember to check what you have written for accuracy. Redraft your work if necessary.

veterinario/a

bombero/a

El día del trabajo

- Coping with authentic texts
- Skimming and scanning a text

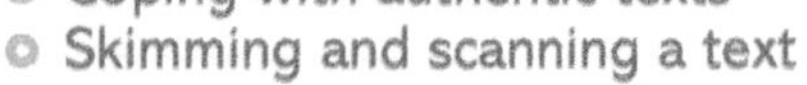

READING SKILLS

Lee el texto en 60 segundos. Elige la respuesta correcta.

David Beckham

Recientemente el futbolista David Beckham se retiró del fútbol. Ahora podría ser estrella de cine gracias a su amigo Tom Cruise.

'David siempre ha querido ser una estrella de cine. Hace varios años, Tom hizo una promesa a David de realizar sus sueños,' afirmó un amigo.

A David le encanta el fútbol, es verdad, pero ahora quiere hacer una carrera en el cine…

realizar un sueño *to fulfil a dream*

SKILLS

Skimming a text

It's often a good idea to start by **skimming** a text (reading quickly to get the gist), without trying to understand the detail.

1 This text is about:
  - a David Beckham moving to Hollywood.
  - b David Beckham teaching Tom Cruise to play football.
  - c Tom Cruise helping David Beckham to become a film star.

2 What made you choose your answer?

Lee el texto otra vez. Completa las frases en inglés.

1 Recently, the footballer David Beckham ___.
2 Now he could be ___ thanks to his friend Tom Cruise.
3 Several years ago, Tom promised to ___.
4 It is true that David loves ___, but now he wants ___.

SKILLS

Scanning a text

When you are answering questions about a text, you do not always need to understand every word. It's often best to **scan** the text to find the specific piece of information you need – e.g. a name, a place or a job.

Lee las frases y escribe la(s) letra(s) correcta(s) para cada una.

¿Sabes en qué trabajaron antes de convertirse en famosos?

1 Beyoncé trabajó en la peluquería de su madre.

2 Matthew McConaughey pasó un año en Australia donde trabajó como lavaplatos.

3 Julia Roberts sirvió helados.

4 Jennifer Aniston trabajó de recepcionista y también trabajó en una hamburguesería de Manhattan.

5 Lady Gaga trabajó de camarera en Nueva York.

a 

b

c 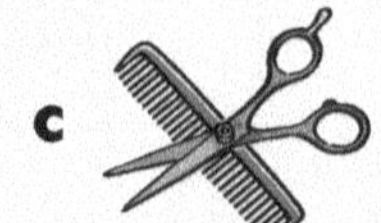

d 

e 

f 

Lee el texto. Contesta a las preguntas en inglés.

Especialista en maquillaje y peluquería para teatro, cine y espectáculos

Un profesional del maquillaje

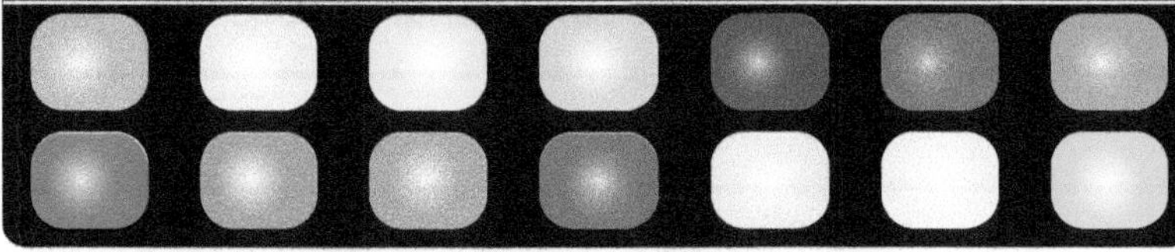

Sus tareas principales son:

- Diseño de personajes
- Maquillaje de caracterización
- Maquillaje con efectos especiales
- Transformación del cabello para la caracterización

SKILLS

Using the four Cs when reading for detail

Sometimes a task requires you to understand a lot of detail.

To help you work out the meaning of new words, use the four Cs!

1 **clues** (e.g. questions in English)
2 **cognates** and near-cognates
3 **context** of the sentence/text
4 **common sense!**

1 What do you think **maquillaje** means?
2 What is this person's job?
3 Name three areas of entertainment he/she works in.
4 Name two of the main tasks his/her work involves.

Escucha y lee el poema. Pon las fotos en el orden correcto.

Yo quiero ser…

Yo quiero ser bombero
de esta gran ciudad
y apagar incendios
con mucha amabilidad.

Yo quiero ser carpintero
de mi pequeña comunidad
y construir muchos muebles
para su comodidad.

Yo quiero ser policía
de esta comunidad
y cuidarla noche y día
para conservar su seguridad.

Yo quiero ser enfermera
de mi comunidad
y a todos inyectar
para evitar una enfermedad.

Manu Sánchez Montero

a

c

b
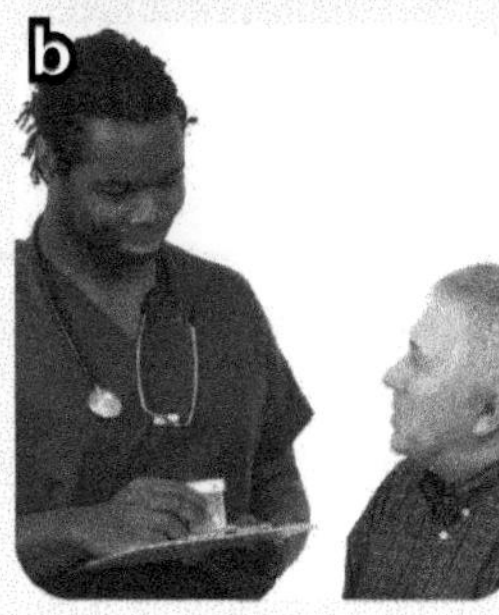

d

Busca estas frases del poema en español. Utiliza el contexto.

1 and put out fires
2 and build lots of furniture
3 and look after it night and day
4 to maintain its security
5 in order to avoid an illness

Escribe dos estrofas más para el poema del ejercicio 5.

Write two more verses for the poem in exercise 5.

Yo quiero ser…
de…
y…

Words which end in **-dad** are always feminine in Spanish (you could say that all Spanish dads are female!). Often the English equivalent word ends in '-ty' (e.g. seguri**dad** → securi**ty**).

¡RESUMEN! I can…

- say what job I do — **Soy cocinero/a.**
- say what I have to do at work — **Tengo que preparar comida.**
- give an opinion about my job — **No me gusta nada mi trabajo. Es estresante.**
- give reasons — **porque los clientes son exigentes**
- use **tener que** + infinitive — **Tiene que contestar al teléfono.**

- say what job I would like to do — **Quiero ser taxista. Me gustaría ser policía.**
- say what I think I am like — **Creo que soy muy paciente y bastante práctica.**
- give details about my ideal job — **Quiero trabajar al aire libre.**
- use correct adjective agreement — **Mi jefe es educado. Los clientes son educados.**

- say what I am going to do in the future — **Voy a viajar y luego voy a tener hijos.**
- say what the future will be like — **Va a ser guay.**
- use the present and the near future tense — **Soy creativo, y por eso voy a ser artista.**
- S use fillers to help me sound more Spanish — **Pues… A ver… Bueno…**

- describe a typical day at work — **Voy a la oficina y leo mi agenda.**
- say why I decided to do my job — **Estudié diseño de moda y me encantó.**
- say what qualities are important for my job — **Tienes que ser organizado y creativo.**
- say why languages are important — **Tengo que hablar con clientes que hablan otros idiomas.**
- use the present, preterite and near future tense — **Me gusta el turismo, así que decidí ser guía turístico. En el futuro voy a estudiar.**

- S use reference materials to check spelling, accents, gender and verbs
- S understand the pitfalls of online translation tools
- S choose the correct word when looking up words

- S skim a text for gist before trying to understand the detail
- S scan a text to find a specific piece of information
- S use the **'four Cs'** to understand authentic texts in detail

1 In pairs. Match up the two halves of the sentences. Check your partner's pronunciation.

Me llamo… | Soy… | Trabajo… | Mi jefe es… | En julio voy a…

jardinero. | Jorge. | viajar al extranjero. | genial pero exigente. | en Gijón.

2 Write down in Spanish:

a six jobs **b** six adjectives for describing a job.

3 Choose adjectives from the box to complete these sentences, making sure the adjectives agree. (There may be more than one correct answer.)

1 Mi madre es ________ y muy ________.
2 Daniel y Hugo son ________ y ________.
3 Mi hermano no es ________ pero es ________.
4 Ana e Isabel son ________ y ________.

sociable	responsables
serios	ambiciosa
paciente	independientes
prácticas	organizado

¡Get set!

4 In pairs. Take turns to make eight logical sentences and then translate them into English.

Tengo que	ser	a los clientes.	en un restaurante.
Quiero	trabajar	con niños.	peluquero/a.
Voy a	hacer	al aire libre.	un trabajo manual.
Me gustaría	ayudar	manicuras.	periodista.

5 Translate the text into English. Pay attention to the tense of each verb.

Soy trabajadora y paciente y por eso decidí ser profesora. Mi trabajo es un poco estresante pero los niños son muy educados y mis compañeros son simpáticos. En el futuro me gustaría trabajar en el extranjero.

¡Go!

6 In pairs. Take turns asking and answering these questions using full sentences.

- ¿Qué tipo de persona eres?
- ¿En qué te gustaría trabajar?
- ¿Qué idiomas hablas?
- ¿Cuáles son tus ambiciones para el futuro?

7 Read this account of Alberto's typical day as a journalist. Then rewrite it:

a in the preterite to describe yesterday *(Ayer **fui**…)*
b in the near future to describe tomorrow *(Mañana **voy a ir**…)*.

Por lo general voy a la oficina a las ocho y hablo con mi equipo. Luego busco información y escribo artículos. Además, hago entrevistas y saco fotos. Después del trabajo salgo con mis compañeros a un bar.

Escucha. Copia y completa la tabla en español. Escribe el trabajo e indica si la opinión es P (positiva), N (negativa) o P+N (positiva y negativa). (1–5)

	trabajo	P/N/P+N
1	camarero	

SKILLS

Drawing conclusions when listening

In this task you have to write down each job in Spanish but you won't actually hear this word mentioned. Listen out for clues and draw your own conclusions to work out the answer.

Mira el juego de rol. Luego escucha las respuestas de Molly y escribe la letra correcta. (1–5)

Ejemplo: **1** d

Estás hablando con tu amigo/a español(a) sobre tu trabajo.

a) Tu trabajo – qué
b) Un día típico en el trabajo (**dos** detalles)
c) **!**
d) Tus ambiciones para el futuro
e) **?** – Idiomas

SKILLS

Preparing a role play task

First you must 'decode' the five bullet points (a–e) on the task card. For each one, ask yourself:

- What is the bullet point asking me to say?
- Which verb (and which person/tense) do I need?
- Can I use any words from the bullet point?

! means you have to answer an unexpected question.

? means you have to ask a question based on the bullet point.

Pay attention to how many **detalles** ('details') you are asked to give.

Mira el juego de rol. Prepara tus respuestas.

Estás hablando con tu amigo/a español(a) sobre el trabajo.

- Tipo de persona (**dos** detalles)
- Trabajar solo o en equipo – tu preferencia
- Trabajo en el futuro
- **!**
- **?** – Ambiciones

Start with 'I am…'.

If you don't understand the unexpected question, say **¿Puedes repetir, por favor?**

Which of these two options would you prefer?

Use 'I would like to be…'.

Ask 'What are your ambitions?' (**¿Cuáles…?**) or 'What ambitions do you have?' (**¿Qué…?**).

Con tu compañero/a, escucha y haz el juego de rol del ejercicio 3 dos veces. (1–2)

Do one complete role play each. Listen to your partner and give feedback on his or her performance.

Each time you will hear a different unexpected question. Be sure to answer with a full sentence.

Descripción de una foto. Mira la foto y prepara tus respuestas a las preguntas. Luego haz diálogos con tu compañero/a.

- ¿Qué hay en la foto?
  En la foto hay… A la izquierda…
- ¿Y a ti? ¿En qué te gustaría trabajar?
  Me gustaría ser…
- ¿Qué no te gustaría hacer? ¿Por qué no?
  No… porque…

- Use **ser**, **tener** and **llevar** to describe the people in the photo.
  La mujer **es** joven y **tiene** el pelo rubio. **Lleva** un jersey blanco.
- Use **creo que** or **pienso que** to say where you think they are.
  Creo que están en una tienda de moda.

Lee el texto y contesta a las preguntas en inglés.

El teletrabajo – La opción ideal para conciliar familia y trabajo

El teletrabajo es muy popular en países como Finlandia o Bélgica. Los expertos dicen que ahorra un promedio de 57 minutos y 11 euros cada día porque no tienes que viajar a la oficina. Sin embargo, en España solo el 6,7% de los empleados trabajan desde casa.

Ángel Perales, diseñador gráfico, nos habla de los beneficios.

'Decidí trabajar desde casa porque es más flexible. Soy más independiente porque puedo decidir cuándo trabajo y cuándo hago otras cosas (por ejemplo, cuidar a mis hijos, hacer las tareas domésticas, descansar etc.). Hablo con mi jefe por teléfono todos los días y me comunico con mis clientes por correo electrónico. Todo es muy fácil. También hay menos distracciones en casa.

Además, tengo más tiempo libre porque no tengo que viajar a la oficina todos los días. Por eso, no uso mi coche, lo que reduce la contaminación atmosférica. Y es menos estresante – ¡no tengo que sufrir el tráfico horroroso en la hora punta!'

Si no tienes que ir a la oficina ahorras...

11€ al día

57 minutos al día

209 horas y 2500 € al año

conciliar *to balance*

1 In which countries is working from home popular?
2 How much time does it save each day, on average?
3 Why did Ángel decide to work from home?
4 In what ways does it make him more independent?
5 How does working from home help the environment?
6 Why does he find working from home less stressful?

SKILLS

Using the four Cs

Remember to use **clues** (e.g. the questions in English), **cognates**, **context** and **common sense** to help you understand the detail of the text and work out the meaning of new words.

Imagina que tienes un trabajo. Escribe una carta a tu amigo/a español(a).

Menciona:
- en qué trabajas
- tu opinión sobre tu trabajo
- qué hiciste en el trabajo ayer
- tus ambiciones para el futuro.

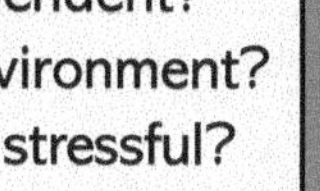

Try to include:
- more complex connectives (**sin embargo, por eso, así que**)
- **tengo que** + infinitive
- a range of structures to talk about future plans (**voy a…, quiero…, me gustaría…**).

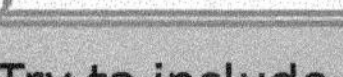

¡GRAMÁTICA!

Tener que + infinitive

To say what you have to do, you use **tener** + **que** + infinitive.

tengo que	I have to	tenemos que	we have to
tienes que	you have to	tenéis que	you (pl) have to
tiene que	he/she has to	tienen que	they have to

Tenemos que hacer manicuras. We have to do manicures.

1 Copy and complete the sentences with the correct verb form. Then translate them into English.

Example: **1** Tengo que cuidar las plantas. = I have to look after the plants.

1 —— que cuidar las plantas. (I)
2 —— que servir la comida. (he/she)
3 —— que contestar al teléfono. (we)
4 —— que cortar el pelo a los clientes. (they)
5 —— que vender productos en el salón. (you sg)
6 —— que preparar la comida. (you pl)

Adjective agreement

Adjectives describe nouns. Their endings change to agree with the noun they describe both in gender and in number.

	singular		plural	
	masculine	feminine	masculine	feminine
ending in -o	creativo	creativa	creativos	creativas
ending in -e	sociable	sociable	sociables	sociables
ending in a consonant	difícil	difícil	difíciles	difíciles
ending in -dor	trabajador	trabaj**adora**	trabaj**adores**	trabaj**adoras**

2 Choose the correct form of the adjective each time.

Example: **1** sociable

1 Mi jefe es sociables / sociable.
2 Diego es trabajador / trabajadora.
3 Ana y Marta son serio / seria / serias.
4 Los hijos de los clientes son maleducado / maleducada / maleducados.
5 Los clientes son exigente / exigentes y no son simpáticos / simpáticas.

The near future tense

You use the near future tense to say what you are going to do. To form the near future tense, use the present tense of **ir** (to go) + **a**, followed by the infinitive. See all the parts of **ir** on page 12.

Voy a ganar dinero. I am going to earn money.
Vamos a viajar mucho. We are going to travel a lot.

3 Write these sentences in Spanish using the correct form of the near future tense.

1 I **2** We **3** You (sg) **4** They

5 You (pl)

Using three tenses together

To reach a higher level, you need to show that you can use verbs in the present, the preterite and the near future tense. Remember that regular and irregular verbs take different endings in each tense and that stem-changing verbs may also change their spelling in the stem or main part of the verb. If in doubt, use the verb tables on pages 136–138.

4 Copy and complete the table.

		infinitive	present	preterite	near future
regular verbs	**-ar**	trabajar	trabajo	—	voy a trabajar
	-er	—	vendo	vendí	voy a vender
	-ir	vivir	—	viví	—
stem-changing verbs		querer	—	quise	voy a querer
irregular verbs		tener	—	tuve	voy a tener
		—	voy	fui	—
		ser	soy	—	—

5 Choose the right verb in each case. Write whether it is present (pres), preterite (pret) or near future (fut).

Example: **1** trabajo (pres)

En este momento **1** trabajo / trabajé / voy a trabajar como recepcionista. **2** Tengo / Tuve / Voy a tener que ayudar a los clientes. **3** Soy / Fui / Voy a ser muy sociable y por eso **4** quiero / quise / voy a querer trabajar con los turistas. El verano pasado **5** trabajo / trabajé / voy a trabajar en un hotel y **6** es / fue / va a ser fenomenal. Hace dos años **7** voy / fui / voy a ir a una escuela de turismo y **8** decido / decidí / voy a decidir ser recepcionista. En el futuro **9** trabajo / trabajé / voy a trabajar en un hotel. Luego **10** viajo / viajé / voy a viajar y **11** vivo / viví / voy a vivir en el extranjero. **12** ¡Es / Fue / Va a ser estimulante!

6 Fill in the gaps in this interview using the verbs in brackets in the correct tense.

¿En qué trabajas?
1 (trabajar) como peluquero.

¿Por qué decidiste ser peluquero?
2 (ser) bastante creativo y por eso **3** (estudiar) peluquería y **4** (decidir) ser peluquero.

¿Cómo es un día típico?
Primero **5** (ir) a la peluquería. **6** (cortar) el pelo a los clientes y a veces **7** (contestar) al teléfono. Ayer **8** (vender) productos para el pelo.

¿Cuáles son tus ambiciones para el futuro?
9 (abrir) una peluquería y luego **10** (ganar) mucho dinero. Después **11** (viajar). **12** ¡(ser) guay!

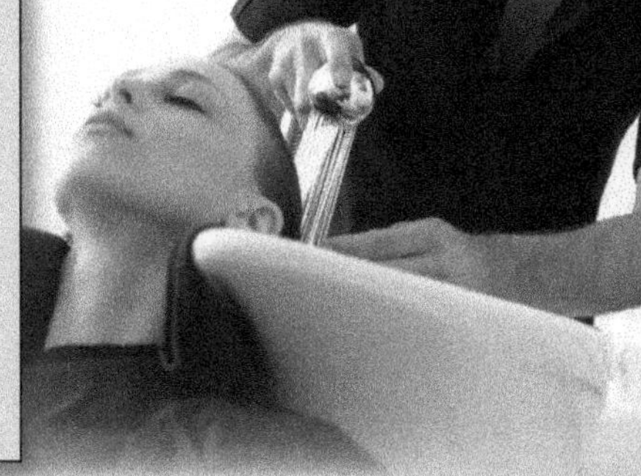

Los trabajos en el hotel Hotel jobs

Soy...	I am...	**jardinero/a**	a gardener
camarero/a	a waiter	**limpiador(a)**	a cleaner
cocinero/a	a cook	**peluquero/a**	a hairdresser
dependiente/a	a shop assistant	**recepcionista**	a receptionist
esteticista	a beautician		

¿En qué consiste tu trabajo? What does your job involve?

Tengo que...	I have to...	**limpiar habitaciones**	clean rooms
contestar al teléfono y ayudar a los clientes	answer the phone and help customers	**preparar comida**	prepare food
cortar el pelo a los clientes	cut customers' hair	**servir la comida en el restaurante**	serve food in the restaurant
cuidar las plantas	look after the plants	**vender productos en la tienda**	sell products in the shop
hacer manicuras	do manicures		

Opiniones Opinions

¿Te gusta tu trabajo?	Do you like your job?	**¿Cómo es tu jefe?**	What is your boss like?
(No) Me gusta (nada) mi trabajo porque es...	I (don't) like my job (at all) because it is...	**Mi jefe/a (no) es muy educado/a.**	My boss is (not) very polite.
difícil	difficult	**¿Cómo son los clientes?**	What are the customers like?
duro	hard		
estimulante	stimulating	**Los clientes son exigentes / maleducados.**	The customers are demanding / rude.
estresante	stressful		
interesante	interesting	**Mis compañeros (no) son simpáticos.**	My colleagues are (not) nice.
monótono	monotonous		
repetitivo	repetitive		

¿Cómo eres? What are you like?

En mi opinión, soy...	In my opinion, I am...	**organizado/a**	organised
Creo / Pienso que soy...	I think I am...	**paciente**	patient
Soy muy / bastante...	I am very / quite...	**práctico/a**	practical
ambicioso/a	ambitious	**responsable**	responsible
creativo/a	creative	**serio/a**	serious
independiente	independent	**sociable**	sociable
inteligente	intelligent	**trabajador(a)**	hard-working

¿En qué te gustaría trabajar? What job would you like to do?

Me gustaría ser...	I would like to be...	**Me gustaría...**	I would like...
Quiero ser...	I want to be...	**No me gustaría (nada)...**	I wouldn't like... (at all)
abogado/a	a lawyer	**trabajar al aire libre**	to work in the open air
cantante	a singer	**trabajar con animales**	to work with animals
diseñador(a)	a designer	**trabajar con niños**	to work with children
enfermero/a	a nurse	**trabajar en equipo**	to work in a team
mecánico/a	a mechanic	**trabajar en una oficina**	to work in an office
periodista	a journalist	**trabajar solo/a**	to work alone
policía	a police officer	**hacer un trabajo creativo**	to do a creative job
taxista	a taxi driver	**hacer un trabajo manual**	to do a manual job

¿Cómo va a ser tu futuro? What is your future going to be like?

En el futuro…	In the future…	**ser voluntario/a**	be a volunteer
Voy a…	I am going to…	**tener hijos**	have children
ganar mucho dinero	earn lots of money	**viajar (mucho)**	travel (a lot)
hacer un trabajo interesante	do an interesting job	**vivir en el extranjero**	live abroad
ir a la universidad	go to university	**Va a ser (muy) interesante.**	It is going to be (very) interesting.
ser famoso/a	be famous		

Describe tu trabajo Describe your job

¿En qué trabajas?	What do you do for a living?	**¿Qué cualidades tienes que tener?**	What qualities do you have to have?
¿Por qué decidiste ser…?	Why did you decide to be a…?	**Tienes que ser…**	You have to be…
Me gusta mucho… y por eso decidí ser…	I really like… and so I decided to be a…	**En mi trabajo, los idiomas son muy importantes.**	In my job, languages are very important.
Estudié… y me encantó.	I studied… and I loved it.	**Hablo español, alemán e inglés.**	I speak Spanish, German and English.
¿Cómo es un día de trabajo típico?	What is a typical working day like?	**¿Cuáles son tus ambiciones para el futuro?**	What are your future ambitions?
Hablo con clientes.	I talk to customers.	**Voy a estudiar / trabajar en…**	I am going to study / work in…
Leo mi agenda.	I read my diary.	**¡Va a ser guay / fenomenal / flipante!**	It is going to be cool / fantastic / awesome!
Preparo mis cosas.	I prepare my things.		
Trabajo con mi equipo.	I work with my team.		
Voy a la oficina.	I go to the office.		

Palabras muy frecuentes High-frequency words

mi/mis	my	**a ver / bueno / pues**	well
tu/tus	your	**por eso**	so, therefore
además	in addition, furthermore	**así que**	so, therefore
más	more	**primero**	first
a veces	at times	**luego**	then
también	also, too	**sin embargo**	however

Estrategia 2
Opinions and agreement

- Add emphasis to your opinions:
  A mí no me gusta nada mi jefe.
- Personalise your answers:
  Para mí, trabajar con animales es interesante.
- Make it a habit to ask yourself **¿por qué?** and to explain your opinion:
  Me gustaría ser enfermero/a porque soy paciente.
- Take time to say whether you agree or disagree with someone and why:
  (No) Estoy de acuerdo porque…

Un monólogo divertido

- Performing a funny monologue
- Using three tenses together

Escucha y lee los monólogos. Busca las frases en español en los textos.

Hospital Transilvania

Me llamo Frankenstein y soy cirujano. Tengo que operar a pacientes en el hospital. Tengo que ser entusiasta y un excelente comunicador, pero no soy así. Por eso, no me gusta nada el trabajo que hago ahora. Sin embargo, hace diez años trabajé como científico y me encantó. Tengo que cambiar de profesión. Me gustaría hacer un trabajo menos estresante. En el futuro voy a ser artista…

Me llamo Violeta y soy enfermera. Tengo que cuidar a los pacientes y tengo que ser sociable y práctica, pero no soy nada sociable. Además, como soy una zombi, me gusta comer a los pacientes… ¡Ñam, ñam! Hace diez años trabajé como profesora y me gustó bastante. Creo que tengo que cambiar de profesión. Me gustaría trabajar al aire libre. En el futuro voy a ser jardinera…

Me llamo José y soy médico. Tengo que hacer transfusiones de sangre, pero prefiero beber sangre. Soy un vampiro y es un problema en mi profesión. En mi trabajo como médico tengo que ser paciente y muy responsable, pero es difícil. No me gusta mi trabajo porque es muy estresante. Hace diez años trabajé como vigilante nocturno y me gustó. Me gustaría hacer un trabajo más práctico. En el futuro voy a ser esteticista…

1 I have to operate on patients in the hospital.
2 I would like to do a less stressful job.
3 What's more, as I am a zombie, I like to eat the patients…
4 I think I have to change profession.
5 I have to do blood transfusions, but I prefer to drink blood.
6 Ten years ago I worked as a night security guard and I liked it.

cirujano/a	*surgeon*
sin embargo	*however*
vigilante nocturno/a	*night security guard*

Character profile

Name:
Profession:
Responsibilities:
Personality required:
Ten years ago:
In the future:

Lee los monólogos otra vez. Copia y completa la ficha para cada persona en inglés.

Escucha a Sergio hablando de su trabajo. Copia y completa la ficha en español.

Ficha del personaje

Nombre: *Sergio*
Profesión: *camillero*
Responsabilidades:
Carácter:
Hace diez años:
En el futuro:

camillero/a	*hospital porter*
el fantasma	*ghost*

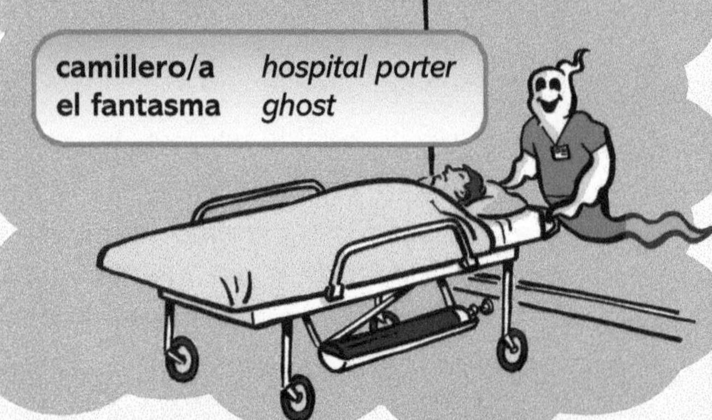

Con tu compañero/a, planifica un monólogo divertido.

With your partner, plan a funny monologue.

- Decide what your character's job will be.
- Decide where your monologue will take place:

> Try to think how to make your character funny. What characteristics might be amusing for a lawyer or a journalist to have? In an office setting, how about a messy cleaner, a rude receptionist or a clumsy chef?

en una oficina

en un polideportivo

en un centro comercial

Inventa tu personaje. Copia y completa la ficha con sus datos.

Ficha del personaje

Nombre:
Profesión:
Responsabilidades:
Carácter:
Problema con el trabajo:
Hace diez años:
En el futuro:

Escribe tu monólogo.

- Write your monologue. Base the script on the monologues in exercise 1. Follow the format closely, but use your imagination and change the details.
- Your character should use the present tense to talk about their characteristics, the work they have to do and their opinion of it:
  Me llamo… y soy… Tengo que… Me gusta… pero… No me gusta… Prefiero…
- They should use the preterite to talk about the job they did ten years ago:
  Hace diez años trabajé como…
- They should use the near future to say what they are going to do:
  En el futuro voy a…
- They can also use the following structures to say what they want to do:
  quiero + infinitive
  me gustaría + infinitive

Aprende tu monólogo. Luego, haz un vídeo de tu monólogo.

> Think about how to make your monologue funny with physical movement and facial expressions. You can use your voice and mime to show what your character is like.

¡MODULE 3! En forma

1 Argentina es famosa por...

a la carne.
b la ensalada.
c el arroz.
d la pasta.

2 ¿Qué alimento **no** forma parte de la dieta mediterránea tradicional?

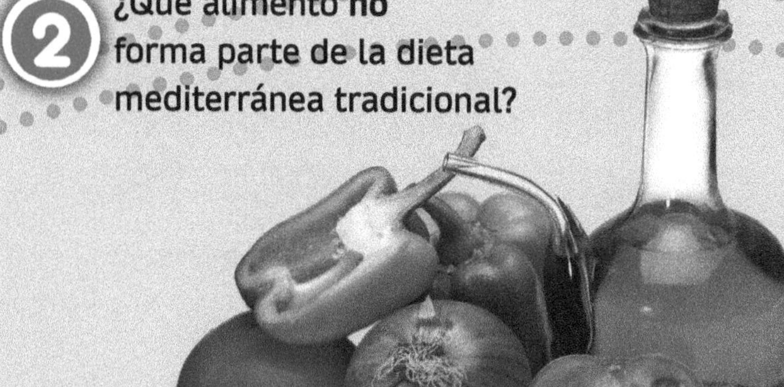

a aceite de oliva
b pescado
c hamburguesas
d fruta y verduras

3 ¿Cuántos de estos alimentos desayunas?

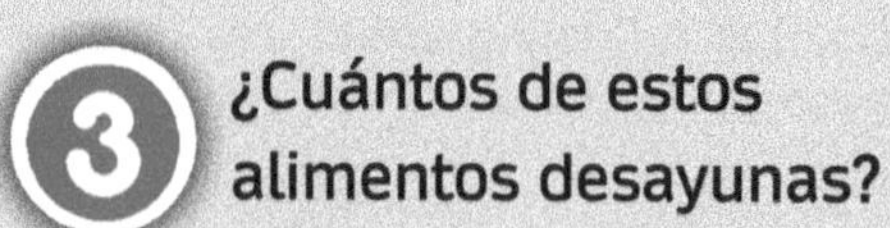

¡Come bien y vive bien!

Las comidas pequeñas y frecuentes son mejores para el metabolismo. Por eso, los expertos recomiendan comer cinco veces al día.

Un desayuno sano y equilibrado te da la energía que necesitas para empezar el día.

Esta es una foto de un postre típico de España. Se llama…

a mousse de chocolate.
b crema catalana.
c tarta de queso.
d tarta de limón.

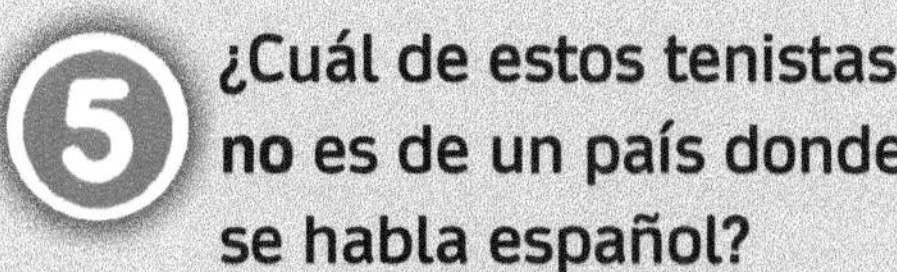

¿Cuál de estos tenistas no es de un país donde se habla español?

a Rafael Nadal
b Juan Martín del Potro
c Dominic Thiem
d Diego Schwartzman

Esta persona es de Venezuela. Va a jugar al deporte más popular de Venezuela que es…

a el béisbol.
b el fútbol.
c el baloncesto.
d el voleibol.

Did you know that the Tarahumara people of northern Mexico run barefoot for extremely long distances? They are known as 'ultrarunners' and can run for over 400 miles!

¿Llevas una dieta sana?

- Talking about diet
- Using direct object pronouns

1 Escucha y lee los textos. Copia y completa la tabla en inglés para cada persona.

name	food	frequency
Nicolás	cakes bread	twice a week …

Nicolás
Me gustan los pasteles. Los como dos veces a la semana. También me gusta el pan. Lo como tres veces al día.

Fátima
Me gustan mucho las galletas. Las como cada día. También me gustan los caramelos. Los como de vez en cuando. ¡Ñam, ñam!

Daniela
Me gusta mucho el pescado. Lo como cuatro veces a la semana. Me gusta bastante el arroz. Lo como tres veces al mes.

Miri
Me gusta la pasta. La como muy a menudo, pero no me gustan nada los huevos. Nunca los como.

Elías
Me gusta la carne y la como dos veces al día, pero no me gustan nada las verduras. Casi nunca las como.

tres veces al día	three times a day
cada día **todos los días**	every day
dos veces a la semana	twice a week
muy a menudo	very often
de vez en cuando	from time to time
una vez al mes	once a month
(casi) nunca	(almost) never

Gramática

Direct object pronouns are words like 'it' and 'them'. They replace the object of the verb. For example:

Como carne. I eat meat.
La como dos veces a la semana. I eat **it** twice a week.

In Spanish, direct object pronouns come in front of the verb. They change according to the gender and number of the object they are replacing.

	singular (it)	plural (them)
masculine	lo	los
feminine	la	las

>> p72

2 Escribe las frases en español.

Ejemplo: **1** Me gustan los pasteles. Los como dos veces a la semana.

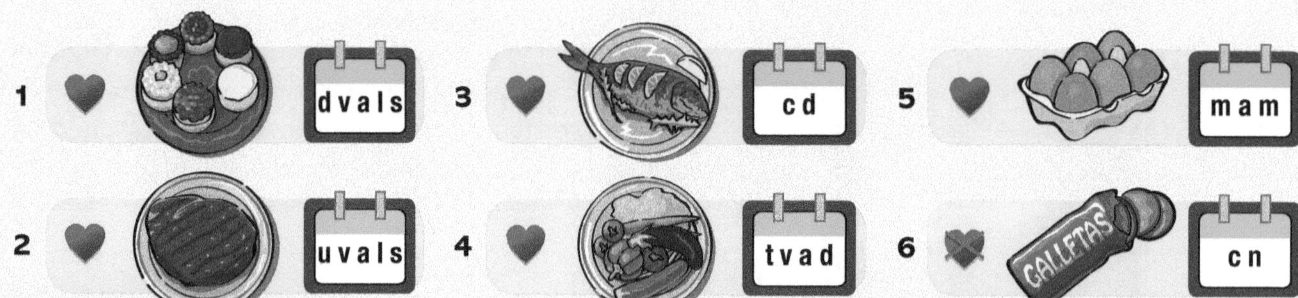

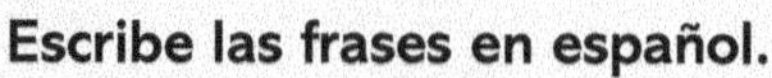

Haz un sondeo. Escribe <u>tres</u> preguntas y pregunta a <u>cinco</u> personas.

- ● ¿Te gusta(n) <u>el pescado / las verduras</u>?
- ■ Sí, me gusta(n) mucho. Lo/La/Los/Las como…
- ▲ No, no me gusta(n) nada. Nunca lo/la/los/las como.
- ◆ …

Traditionally Spanish people have a very healthy diet that includes plenty of fruit, vegetables, pulses, fish, olive oil and some meat.

Escucha a Juan y a Camila. Escribe la letra correcta para cada persona en la tabla. (1–4)

	Juan	Camila
1	c	…

¿Llevas una dieta sana?

1 ¿Con qué frecuencia comes pescado?
- a Lo como todos los días.
- b Lo como dos veces a la semana.
- c Lo como de vez en cuando.
- d Casi nunca lo como.

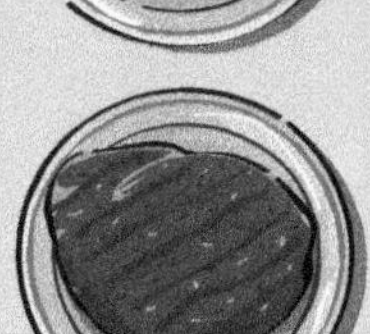

2 ¿Con qué frecuencia comes carne?
- a Casi nunca la como.
- b La como una vez al mes.
- c La como una vez a la semana.
- d La como muy a menudo.

3 ¿Con qué frecuencia comes perritos calientes?
- a Casi nunca los como.
- b Los como una vez al mes.
- c Los como una vez a la semana.
- d Los como cada día.

4 ¿Con qué frecuencia comes verduras?
- a Las como cuatro veces al día.
- b Las como dos veces al día.
- c Las como dos veces a la semana.
- d Casi nunca las como.

¿Tienes la mayoría de respuestas 'a'? Está bien. Llevas una dieta sana.
¿Tienes la mayoría de respuestas 'b'? Está bastante bien. Comes sano.
¿Tienes la mayoría de respuestas 'c'? ¡Cuidado! Tienes que comer más sano.
¿Tienes la mayoría de respuestas 'd'? ¡Tienes que cambiar tu dieta rápido!

Con tu compañero/a, haz el cuestionario del ejercicio 4.

- ● ¿Con qué frecuencia comes pescado?
- ■ Lo como…

los perritos calientes *hot dogs*

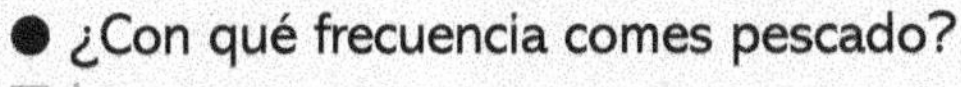

Lee el blog y completa las frases.

Me llamo Valeria y vivo en La Habana, en Cuba. En mi opinión, llevo una dieta bastante sana. En Cuba comemos mucho pescado. Lo como dos o tres veces a la semana. También comemos fruta y verduras. Las como cuatro o cinco veces al día. La semana pasada fui a un restaurante con mis amigos, donde comí pollo a la barbacoa y mi amiga Ana tomó minifritas cubanas, que son como las hamburguesas americanas. Bebimos agua y de postre tomamos arroz con leche. ¡Guau! ¡Qué rico!

1. Valeria eats fish ▬ times ▬.
2. Four or five times a day she eats ▬.
3. Last week, at the restaurant, she ate ▬.
4. Her friend Ana had ▬.
5. They drank ▬.
6. For dessert they had ▬.

Imagina que eres mexicano/a. Describe la comida mexicana. Utiliza el texto del ejercicio 6 como modelo.

Write:
- you think you have a healthy diet **(Creo que / En mi opinión…)**
- you like rice and you eat it every day **(Me gusta… y lo como…)**
- you like vegetables and you eat them three times a day **(Me gustan… y las como…)**
- last week you went to a restaurant with your friends **(La semana pasada fui…)**
- you ate tacos with guacamole and salad **(Comí…)**.

¡Preparados, listos, ya!

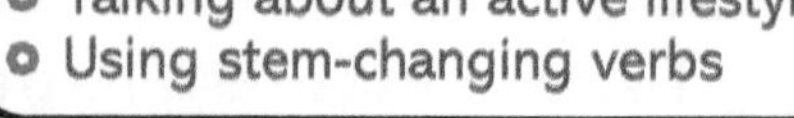

- Talking about an active lifestyle
- Using stem-changing verbs

1 Escucha y lee los textos. Escribe las <u>dos</u> letras correctas para cada persona.

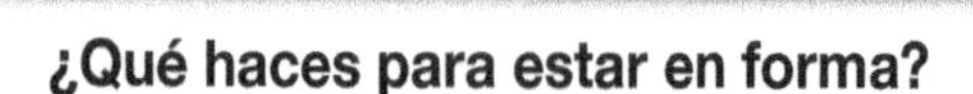

¿Qué haces para estar en forma?

Mateo
Juego al fútbol en el parque todos los días después del insti. Una vez al mes juego al baloncesto con mis amigos, pero prefiero jugar al fútbol.

Laura
Tres veces a la semana hago atletismo en el parque, donde hay una pista de atletismo. Soy miembro de un club. Los fines de semana hago gimnasia, pero la verdad es que prefiero hacer atletismo.

David
A veces juego a la pelota vasca con mis amigos en el gimnasio. Es un juego muy interesante. Acabo de empezar a practicar taekwondo y me encanta. Es mi deporte preferido.

Raquel
Hago natación dos veces a la semana. Normalmente voy al polideportivo, donde hay una piscina cubierta, pero prefiero nadar en una piscina al aire libre, sobre todo en el verano. De vez en cuando juego al rugby.

la pelota vasca	*pelota (Basque ball game)*
acabo de empezar	*I have just started*
la piscina cubierta	*indoor swimming pool*

a

b

c

d

e

f

g

h

Gramática

Jugar (to play) and **preferir** (to prefer) are stem-changing verbs. Some people call them 'boot verbs'. They have a vowel change in their stem in certain forms.

jugar		preferir	
juego	jugamos	prefiero	preferimos
juegas	jugáis	prefieres	preferís
juega	juegan	prefiere	prefieren

juego → I play

prefiero jugar → I prefer to play

>> p72

2 Lee los textos del ejercicio 1 otra vez. Copia y completa la tabla en inglés para cada persona.

	which sport?	how often?	where and/or when?	preference?
Mateo	football …	… once a month	in park, after school	…

Con tu compañero/a, haz los diálogos. Luego inventa otro diálogo.

Ejemplo:
- ¿Qué haces para estar en forma?
- Hago artes marciales dos veces a la semana…

♥ = prefiero

Remember, you use **jugar** for sports you play and **hacer** for sports you do.

1
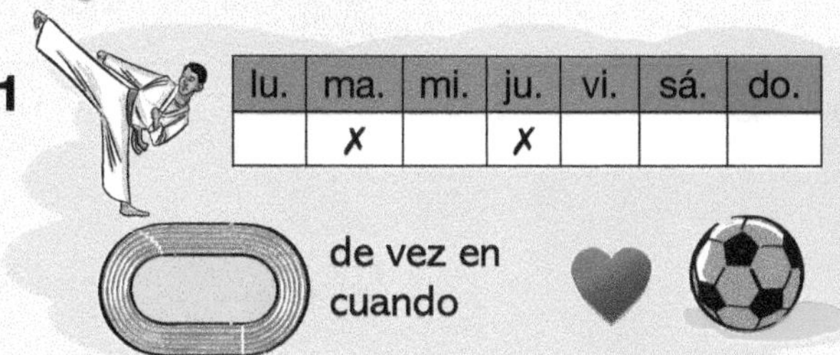

lu.	ma.	mi.	ju.	vi.	sá.	do.
	✗		✗			

de vez en cuando ♥

2
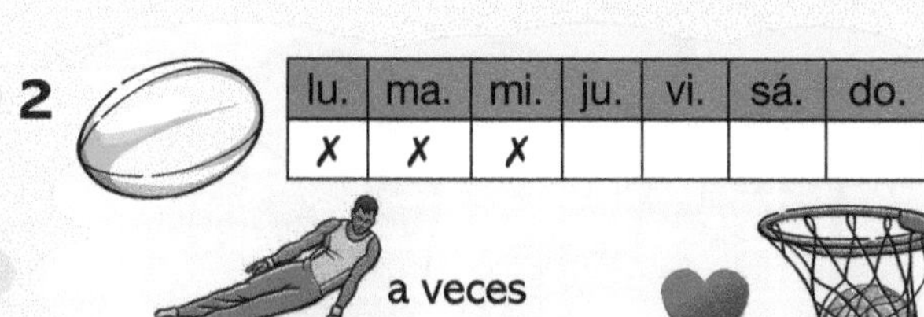

lu.	ma.	mi.	ju.	vi.	sá.	do.
✗	✗	✗				

a veces ♥

Escucha. ¿Qué dos frases no oyes?

- **a** Los fines de semana juego al rugby.
- **b** Soy miembro de un club.
- **c** También juego al voleibol, pero prefiero jugar al rugby.
- **d** A veces juego a la pelota vasca en el polideportivo, pero prefiero mis clases de baile.
- **e** Hago gimnasia dos veces a la semana y de vez en cuando hago footing.
- **f** Juego al fútbol en el parque tres veces a la semana después del insti.
- **g** También hago atletismo en el parque, pero prefiero jugar al ping-pong.

Lee las entrevistas. ¿Verdadero o falso? Escribe V o F. Luego corrige los errores.

Alejandro

- ¿Qué te parece tu trabajo?
- Soy afortunado porque trabajo en lo que más me gusta, el tenis.
- ¿A qué edad empezaste a jugar?
- Empecé a jugar a los siete años. A los dieciocho años fui a Taiwán, donde jugué mi primer campeonato profesional. Me encantó.
- Eres un tenista estupendo. ¿Llevas una dieta sana?
- Claro. Como fruta y verduras todos los días. También como pescado dos veces a la semana.
- ¿Qué comiste ayer, por ejemplo?
- Ayer comí sopa de pescado. ¡Qué rica!

Sabrina

- ¿Qué te parece tu trabajo?
- Me encanta ser gimnasta. Es genial.
- ¿A qué edad empezaste a hacer gimnasia?
- Empecé a los cinco años. A los ocho años participé en un campeonato regional y me gustó mucho. ¡Qué guay!
- ¿Llevas una dieta sana?
- Llevo una dieta bastante sana. Como verduras cada día, pero no me gusta nada la fruta. También me encantan los caramelos. Los como dos veces a la semana y no es muy sano.
- ¿Qué comiste ayer, por ejemplo?
- Ayer comí un paquete entero de galletas. ¡Qué horror!

1. Alejandro says he is fortunate to work in what he likes best: tennis.
2. He started playing tennis at the age of seven.
3. Yesterday he ate chicken soup.
4. At the age of eight, Sabrina took part in a regional championship.
5. Sabrina never eats vegetables.
6. She loves crisps and eats them twice a week.

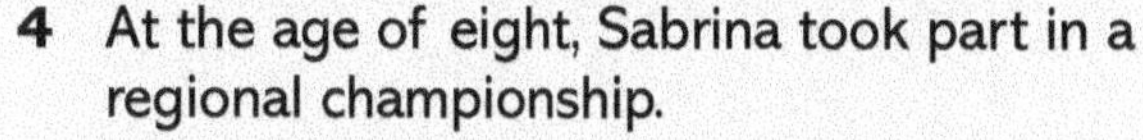

Con tu compañero/a, inventa una entrevista con un(a) deportista. Utiliza los textos del ejercicio 5 como modelo.

¿Qué haces para estar en forma? Escribe un texto.

Gramática

Jugar and **empezar** are irregular in the preterite in the 'I' form only.

empezar (to start) → **empecé** (I started)
jugar (to play) → **jugué** (I played)

¿Cuál es tu rutina diaria?

- Talking about your daily routine
- Using reflexive verbs

¿Cuál es su rutina diaria? Escribe la letra correcta para cada dibujo.

Ejemplo: **1** c

Me llamo Manolo. Hago footing todos los días.

a A las cinco y cinco me lavo los dientes y luego me visto.

b Luego voy al gimnasio, donde entreno dos horas más.

c Me despierto muy temprano, a las cinco de la mañana, y me levanto enseguida.

d Meriendo a las seis y ceno a las nueve. Ceno pollo o pescado.

e Me ducho y luego desayuno a las siete y media. Desayuno algo sano: cereales, yogur y zumo de naranja.

f Me acuesto a las diez y duermo siete horas.

g A las ocho voy al trabajo. Trabajo en una tienda de deportes y termino a las dos.

h Después salgo a correr a las cinco y cuarto. Entreno cada día. Corro veinte kilómetros.

enseguida	*straight away*
algo sano	*something healthy*
correr	*to run*

Escucha y comprueba tus respuestas.

Escribe las frases en español.

Ejemplo: **1** Me despierto a las siete.

Gramática

Remember, reflexive verbs include a reflexive pronoun.

They often describe an action you do to yourself, e.g. **ducharse** (to have a shower).

me ducho	I have a shower
te duchas	you have a shower
se ducha	he/she has a shower
nos duchamos	we have a shower
os ducháis	you (pl) have a shower
se duchan	they have a shower

Some reflexive verbs are stem-changing:

despertarse (to wake up) → **me despierto**
acostarse (to go to bed) → **me acuesto**
vestirse (to get dressed) → **me visto**

>> p73

4 Con tu compañero/a, juega al tres en raya.

Ejemplo:

● ¿Cuál es tu rutina diaria?
■ Nueve – Me acuesto a las diez.
■ ¿Cuál es tu rutina diaria?
● Cinco – Me ducho a las siete y media.

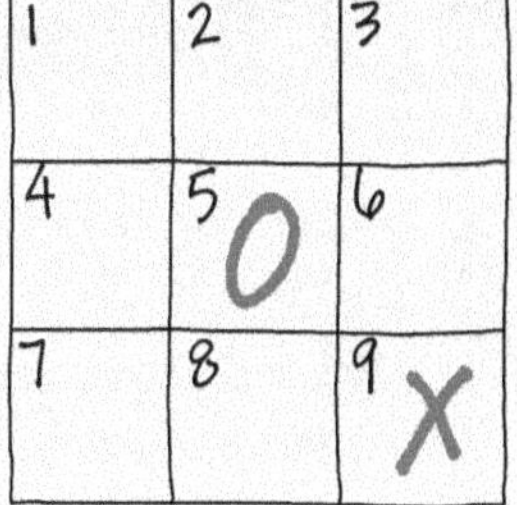

1   7:35
2  7:10
3 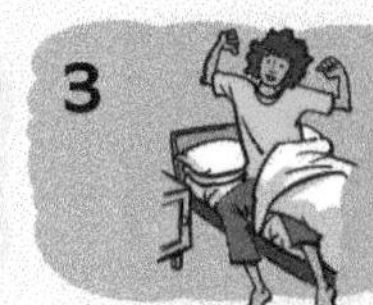 7:15
4  7:25
5  7:30
6  8:00
7  4:40
8  9:15
9  10:00

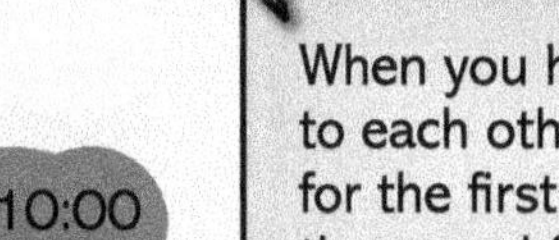

Pronunciación

When you have two vowels next to each other, make the sound for the first one, followed by the sound for the second one: me desp**ie**rto, me ac**ue**sto.

5 Escucha a David. Corrige el error en cada frase.

1 David se despierta bastante temprano, a las seis, y se levanta enseguida.
2 Se viste y luego se lava los pies.
3 Desayuna cereales y después sale en bici.
4 Entrena media hora todos los días.
5 Por la tarde va a la piscina, donde hace natación.
6 Cena sopa o ensalada y se acuesta a las once.
7 Ayer participó en una competición de natación y ganó.

6 Lee el texto y completa las frases en inglés.

Soy pentatleta, y por eso tengo una rutina de entrenamiento bastante exigente. Me levanto a las cinco todos los días, me visto y me lavo los dientes. Luego voy a la piscina, donde hago natación durante una hora. Me encanta nadar. Desayuno fruta, yogur y zumo de naranja y luego voy al polideportivo, donde entreno dos horas. Hago esgrima y practico tiro deportivo. Después del insti, hago equitación. ¡Me chifla el pentatlón!

El año pasado fui a Badajoz, donde participé en una competición de esgrima y gané. Lo pasé fenomenal en Badajoz. Me encantó la ciudad porque conocí a mucha gente y también vi monumentos interesantes.

Míriam

la esgrima	*fencing*
el tiro deportivo	*target shooting*

1 Míriam ___ at five every day, she ___ and ___.
2 Then she goes to ___, where ___.
3 For breakfast she has ___.
4 Then she trains for ___ by doing ___.
5 After school she ___.
6 Last year she went to Badajoz, where she ___.
7 She thought Badajoz was ___ because ___.

7 Eres Fernanda, la fanática del deporte. Describe tu rutina.

Soy Fernanda, la fanática del deporte.
Me levanto a las…

¡4! ¡Muévete!

- Talk about getting fit
- Using **se debe / no se debe**

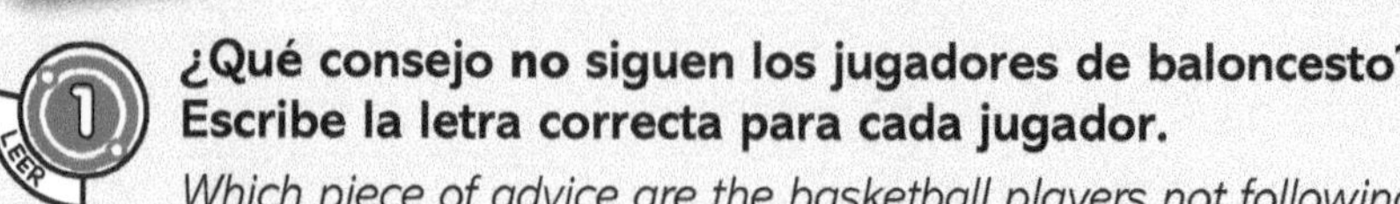

1 LEER

¿Qué consejo no siguen los jugadores de baloncesto? Escribe la letra correcta para cada jugador.

Which piece of advice are the basketball players not following? Write the correct letter for each player.

Ejemplo: **1** b

Consejos para estar en forma

Se debe ✓
a dormir ocho horas al día
b comer más fruta y verduras
c beber agua frecuentemente
d entrenar una hora al día

No se debe ✗
e comer comida basura
f fumar
g beber alcohol
h beber muchos refrescos

Gramática

Se debe means 'you/one must'. It is an impersonal verb (a verb used only in the 'it' form). It is followed by the infinitive.

Se debe comer más fruta y verduras.	You must eat more fruit and vegetables.
No se debe fumar.	You mustn't smoke.

>> p73

2 HABLAR

Juego de memoria. Con tu compañero/a, por turnos añade otro consejo a la frase.

Ejemplo:
- Para estar en forma, se debe entrenar una hora al día.
- Para estar en forma, se debe entrenar una hora al día y beber agua frecuentemente.

3 ESCUCHAR

Escucha. Escribe la letra del consejo (a–h) del ejercicio 1 y la letra de la opinión (i–m) que oyes. (1–5)

Listen. Write the letter of the advice (a–h) from exercise 1 and the letter of the opinion (i–m) that you hear.

Ejemplo: **1** b, m

i ¡Qué tontería! ¿Estás loco/a?

j ¡Claro que sí! Es verdad.

k Bueno… tal vez, depende de la persona.

l ¿En serio?

m Por supuesto. Eso es muy importante.

En un grupo de cuatro personas, da consejos y reacciona.

- ● En mi opinión, para estar en forma, se debe beber agua frecuentemente.
- ■ ¡Qué tontería! ¿Estás loco/a? No me gusta el agua. Prefiero beber refrescos.
- ▲ ¿En serio?
- ◆ …

Copia y completa el texto con las palabras del recuadro.

las tabletas	*bars*
a partir de ahora	*from now on*

Confesiones de una 'chocohólica'

Quiero ponerme en forma, pero tengo un **1** ___ muy grande. Soy chocohólica. Soy adicta al **2** ___. Sí, es verdad. **3** ___ como todo el tiempo. Me levanto a las siete y empiezo a comer chocolate. Luego lo como todo el día. Yo sé qué hacer para estar en forma: **4** ___ se debe comer chocolate y se **5** ___ comer más fruta y verduras… pero no me gustan nada las verduras. ☹

¿Por qué me **6** ___ tanto el chocolate? ¿Me lo puedes explicar?

Ayer, por ejemplo, comí ocho tabletas. Y hace dos **7** ___ comí una tarta entera. ¡Ay, ay, ay! ¡Qué vergüenza!

A partir de ahora, voy a **8** ___ más fruta y menos chocolate. Lo prometo.

debe	no	días	gusta	comer	chocolate	Lo	problema

Escucha. Elige la respuesta correcta.

1. Diego es adicto a la comida basura / a los caramelos.
2. Se levanta a las siete y media / a las ocho.
3. No le gusta nada la carne / la fruta.
4. Ayer comió ocho hamburguesas / ocho pasteles.
5. Hace dos días comió un kilo de queso / un kilo de patatas fritas.
6. A partir de ahora va a comer más verduras / más fruta.

Traduce el texto al español.

I'm addicted to biscuits and I eat them all the time. I have biscuits for breakfast and yesterday I ate four cakes, too. However, it's not healthy – to keep in shape you must eat fruit and vegetables. From now on I'm going to have a healthier diet.

Where does the direct object pronoun go? Do you need **los** or **las**?

Just use the correct form of **desayunar** + noun.

Look back at exercise 5.

Literally, 'a diet more healthy'.

Use the verb **llevar** here.

¡Me duele todo!

- Talking about ailments
- Using **me duele(n)**

Escucha y escribe la letra correcta. (1–6)

Ejemplo: **1** f

¿Qué tal estás?

a Me duele la garganta y tengo tos.

b Me duelen los ojos y tengo quemaduras de sol.

c No me encuentro bien. Me duele el estómago y tengo náuseas.

d Me duele la pierna, me duele el pie y también me duele la mano.

e Me duele la cabeza y también me duelen los oídos. Creo que tengo catarro.

f Me duele la espalda, me duele el brazo y me duelen los dientes.

Gramática

Doler (to hurt) is a stem-changing verb: me du**e**le. It works like **gustar**.

With singular nouns:		With plural nouns:	
Me duele la cabeza.	My head hurts.	**Me duelen los dientes.**	My teeth hurt.
¿Te duele el estómago?	Does your stomach hurt?	**Le duelen las piernas.**	His/Her legs hurt.

In English, you use the possessive adjective (my leg hurts).
In Spanish, you use the definite article **(me duele la pierna)**.

Completa las frases con las palabras del recuadro.

1. ¡Ay, ay, ay! Me duele la ___.
2. No me encuentro bien. Me duelen ___.
3. Me duelen los oídos. Creo que tengo ___.
4. Me duelen las piernas y también me duele ___.
5. No me ___.
6. Me duele el estómago y ___.

la mano
catarro
encuentro bien
los dientes
tengo náuseas
cabeza y tengo tos

Con tu compañero/a, haz los diálogos.

Ejemplo:
- ● ¿Qué tal estás?
- ■ Creo que tengo catarro. Me duele la cabeza y también me duelen los oídos.

a

b

c
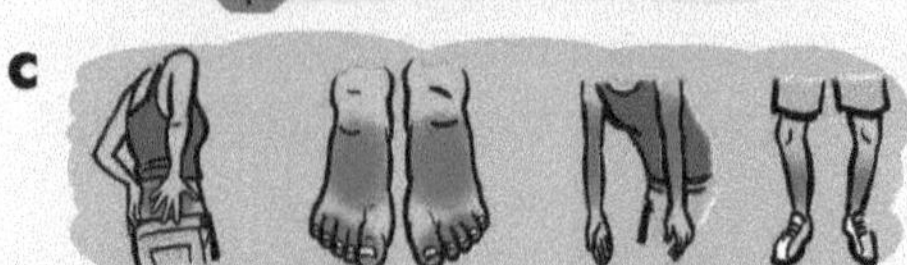
d

4 Lee los textos. Copia y completa la tabla en inglés. Utiliza el minidiccionario.

name	pastime	last weekend	problem / ailment	next time
Zoe	jogging			

Para estar en forma, hago footing todos los días. El fin de semana pasado corrí un maratón y ahora me duelen las piernas y estoy cansada, ¡ay, ay, ay! También me duelen los pies. ¡Qué horror! La próxima vez voy a correr un medio maratón.

Zoe

Hago ciclismo en el parque tres veces a la semana y el fin de semana pasado participé en una carrera ciclista en Oviedo. Me encantó, pero me quemé. Ahora estoy enfermo y tengo quemaduras de sol. La próxima vez voy a llevar una gorra y me voy a poner crema solar.

Andrés

Me chifla la escalada y voy a una escuela de escalada tres veces a la semana. El fin de semana pasado fui a una competición de escalada urbana en Madrid. ¡Fue increíble! Subí por una pared, pero me caí y ahora me duele todo. No me encuentro bien. La próxima vez voy a tener más cuidado.

Luisa

estoy cansado/a	*I am tired*
estoy enfermo/a	*I am ill*

5 Escucha y escribe las <u>cuatro</u> letras correctas para cada diálogo. (1–2) Luego escucha otra vez y escribe 'pres', 'pret' o 'fut' para cada dibujo (a–h).

You use:
- **me duele / me duelen** to say that something <u>hurts</u> (e.g. your head, your foot)
- **tengo** (from **tener**) to say that you <u>have</u> something (e.g. a cold, sunburn)
- **estoy** (from **estar**) to say '<u>I am</u>' (e.g. tired, ill).

Remember, there are two verbs for 'to be', in Spanish: **ser** and **estar**. You use **estar** for <u>temporary</u> states, like being ill.

6 Eres hipocondríaco/a. Con tu compañero/a, contesta a las preguntas.

- ¿Qué tal estás?
- ¿Qué te duele?
- ¿Qué te pasó?
- ¿Qué vas a hacer la próxima vez?

Improvise by reacting to your partner's answers, e.g. give an opinion or make a comment that you haven't scripted.
Try doing this exercise with your book closed. It is important that you can remember how to ask questions as well as answer them.

7 Escribe una historia interesante acerca de un accidente o una enfermedad.

Write an interesting story about an accident or an illness.

- Tell a real or imaginary story.
- What will you put at the beginning? What next? What would make a good ending?
- Adapt phrases from exercise 4.
- Link your sentences and paragraphs with connectives and time expressions.
- Include opinions or exclamations.
- Check for accuracy.

Mi rutina diaria

- Developing a conversation about fitness and routine
- Using more complex sentences

Escucha y escribe las preguntas en español. Luego traduce al inglés. (1–4)

Listen and write down the questions in Spanish. Then translate into English.

Escucha y lee las dos entrevistas. ¿Qué entrevista es mejor? ¿Por qué? Luego contesta a las preguntas en inglés.

Santiago

(1) Sí, llevo una dieta sana. Bebo agua y como verduras. Como verduras dos veces a la semana. Ayer fui a un restaurante vegetariano.

(2) Juego al fútbol y juego al baloncesto. Me gusta mucho hacer deporte.

(3) Me despierto y luego me levanto. Desayuno tostadas y me visto. Me lavo los dientes y voy al insti. Meriendo a las cuatro y media y ceno a las nueve. Ceno tortilla. Me acuesto. Duermo ocho horas.

(4) La semana pasada fui a un partido de fútbol. Hizo sol y me quemé. Tengo quemaduras de sol. La próxima vez me voy a poner crema solar.

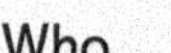

Gabriela

(1) Creo que llevo una dieta bastante sana. Por lo general bebo agua y en mi familia comemos mucho pescado. Lo como dos o tres veces a la semana. También comemos fruta y verduras. Ayer fui a un restaurante con mis amigas y comimos pizza.

(2) Para estar en forma, hago natación tres veces a la semana y también voy a clases de baile. De vez en cuando juego al voleibol, pero prefiero jugar al tenis. Además, juego bien.

(3) Generalmente mi rutina diaria no es muy interesante. Todos los días me despierto bastante temprano, a las siete de la mañana, y me levanto enseguida. Desayuno cereales, yogur y zumo de naranja. Después del insti voy a la piscina, donde hago natación. Siempre meriendo a las cinco y ceno a las nueve. Ceno algo sano, pollo o ensalada, por ejemplo. Me acuesto a las once – en mi opinión, no es muy tarde – y duermo ocho horas.

(4) La semana pasada fui a la playa con mis amigas, pero tuve un problema porque no bebí nada, así que me deshidraté. Para estar en forma, se debe beber agua frecuentemente. Es muy importante.
La próxima vez voy a llevar una botella de agua muy grande.

me deshidraté *I got dehydrated*

Who…

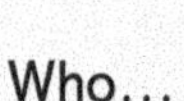

1. eats a lot of fish?
2. goes to bed at 11pm?
3. plays basketball?
4. went to the beach last week?
5. eats toast for breakfast?
6. went to a football match last week?

SKILLS

Creating more complex sentences

Use the following to create more interesting, complex sentences:

opinions	**Creo que… / En mi opinión…**
direct object pronouns	**Lo/La/Los/Las como dos veces a la semana.**
para + infinitive	**para estar en forma…**
connectives	**además / así que / donde**
expressions of frequency	**todos los días / siempre / por lo general**
sequencers	**primero… más tarde… después…**

Con tu compañero/a, copia y completa la tabla en español. Usa los elementos que utiliza Gabriela en sus respuestas del ejercicio 2.

opinions	direct object pronouns	**para** + infintive	connectives	expressions of frequency	sequencers

SKILLS

Avoiding lists and repetition

Lists can sound boring and repetitive. Break them up by joining sentences with connectives or sequencers and by adding extra details.

Before:

Me levanto. Me ducho y me visto. Desayuno tostadas y cereales. Me lavo los dientes. Voy al instituto.

After: (expression of frequency) (sequencer)

Todos los días me levanto a las siete menos cuarto. Por lo general desayuno tostadas, pero de vez en cuando desayuno cereales. Normalmente desayuno a las siete, luego me lavo los dientes y voy al insti a las ocho menos cuarto. En mi opinión, el desayuno es muy importante.

(connective) (extra detail) (opinion)

You can also use direct object pronouns to avoid repetition.

Bebo agua y como verduras. Como verduras dos veces a la semana. →

Bebo agua y como verduras. Las como dos veces a la semana.

Mejora las cuatro respuestas de Santiago del ejercicio 2.

Improve Santiago's four answers from exercise 2.

Prepara tus respuestas a las cuatro preguntas del ejercicio 1.

1 Creo que llevo una dieta...
2 Para estar en forma...
3 Todos los días...
4 La semana pasada tuve un problema porque...

Practica tus respuestas.

Con tu compañero/a, pregunta y contesta. Inventa otras tres preguntas durante la conversación.

SKILLS

Coping with unprepared questions

As well as preparing well and practising your answers, be ready to adapt what you know to respond to follow-up questions. These will often be prompts for an example (**¿Por ejemplo…?**) or an extra detail (**¿Cuándo?, ¿Dónde?, ¿Con quién?, ¿Con qué frecuencia?**), or they might ask for a reason (**¿Por qué?**) or an opinion on something you haven't mentioned (**¿Te gusta la fruta?**). The most important thing is to listen carefully and remember your own responses, as most questions will follow logically from what you have just said.

- say what foods I like or don't like — **Me gusta la carne. No me gustan las galletas.**
- say how often I eat something — **Como pescado tres veces a la semana.**
- ask how often someone eats something — **¿Con qué frecuencia comes...?**
- use direct object pronouns — **La como cada día. Casi nunca los como.**

- say what sports I do / play and how often — **Juego al baloncesto una vez al mes.**
- say what sport I prefer — **Prefiero hacer atletismo.**
- use stem-changing verbs — **Juego al rugby, pero prefiero hacer natación.**

- talk about daily routine — **Me levanto a las cinco y desayuno enseguida.**
- use reflexive verbs — **Me ducho y luego me visto.**

- say what you/one must (not) do — **Se debe comer más fruta. No se debe fumar.**
- agree or disagree with advice — **Claro que sí. ¡Qué tontería! ¿Estás loco/a?**
- use **(no) se debe** with an infinitive — **Se debe dormir ocho horas al día. No se debe comer caramelos.**

- say what's wrong with me — **Tengo catarro. No me encuentro bien.**
- use **me duele(n)** — **Me duele el pie. Me duelen los oídos.**
- use **estar** for temporary states — **Estoy enfermo/a. Estoy cansado/a.**

- S give developed spoken answers about fitness and routine
- S add complexity and interest to my sentences
- S avoid lists and repetition
- S respond confidently to unprepared questions

1 **In two minutes write down as many foods and expressions of frequency as you can. Check your answers on page 74. Then try to say them all from memory.**

2 **In pairs. Ask how often your partner eats the foods on his/her list. Your partner answers without repeating the name of the food, using the Spanish direct object pronouns for 'it' (*lo*, *la*) and 'them' (*los*, *las*).**

Example: – *¿Con qué frecuencia comes pan? – Lo como todos los días.*

3 **Write each stem-changing (boot) verb form and the Spanish infinitive. Then translate both into English.**

E.g. me acuesto – acostarse
I go to bed – to go to bed

me acuesto | se viste | juegan | meriendas | se despierta
duermen | prefieres | empiezo | puede | quieren

4 **In pairs. Take turns to make eight appropriate sentences about positive lifestyle choices. Translate each other's sentences.**

Hace dos años	no voy a	correr.	entrenar tres veces a la semana.
Muy a menudo	empecé a	dormir tres horas al día.	beber agua.
A partir de ahora	prefiero	fumar.	acostarme temprano.
Cada día	se debe	comer menos chocolate.	desayunar.

5 **Translate the message from your Spanish friend Alberto into English. Then write an answer with advice to help him get healthy, starting: *Hola Alberto, para estar en forma se debe…***

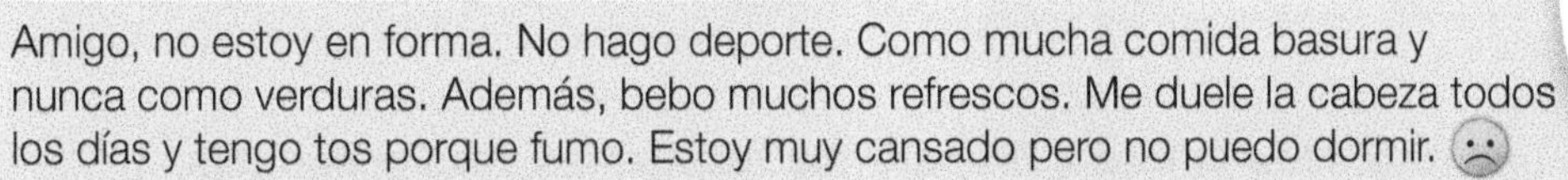

Amigo, no estoy en forma. No hago deporte. Como mucha comida basura y nunca como verduras. Además, bebo muchos refrescos. Me duele la cabeza todos los días y tengo tos porque fumo. Estoy muy cansado pero no puedo dormir. ☹

¡Go!

6 **In pairs. Take turns asking and answering these questions using full sentences.**

- ¿Llevas una dieta sana?
- ¿Qué haces para estar en forma?
- ¿Qué se debe hacer para estar en forma?
- ¿Cuál es tu rutina diaria?

7 **Write out the text, changing the infinitives to the correct verb forms.**

Creo que [llevar] una dieta bastante sana porque mi familia y yo [comer] fruta y verduras casi todos los días. Además, en mi opinión yo [estar] en forma. Tres veces a la semana [hacer] footing y hace dos años también [empezar] a hacer yoga. Mi problema es que no [beber] mucha agua, pero a partir de ahora [ir] a beberla más frecuentemente.

Escucha. Copia y completa la tabla en español. (1–2)

	en el pasado	ahora	en el futuro
Pedro		comer mucha fruta	
Ainhoa	hacer atletismo		

Remember to listen for time phrases. In this task, an example is given to show that each answer must start with a verb in the infinitive. You can write down the exact words you hear.

Escucha a Leticia y escribe las tres letras correctas.

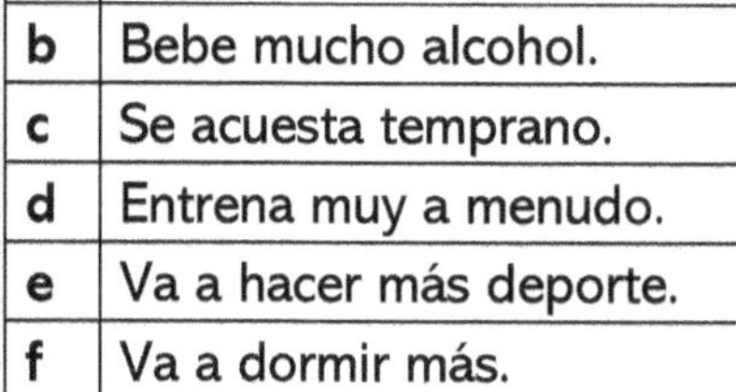

a	Le gusta el pescado.
b	Bebe mucho alcohol.
c	Se acuesta temprano.
d	Entrena muy a menudo.
e	Va a hacer más deporte.
f	Va a dormir más.

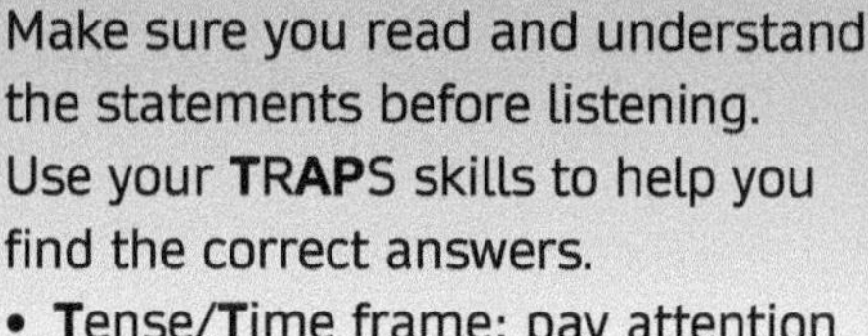

Make sure you read and understand the statements before listening. Use your **TRAPS** skills to help you find the correct answers.

- **T**ense/**T**ime frame: pay attention to verb tenses.
- **Al**ternative words/synonyms: Leticia may use different words from those used in the statements.
- **P**ositive or negative?: look/listen out for words like **no** and **nunca**.

Mira el juego de rol y prepara tus respuestas. Luego, con tu compañero/a, escucha y haz el juego de rol dos veces. (1–2)

Estás hablando con tu amigo/a español(a) sobre la rutina diaria y la comida.

- Tu rutina diaria (**dos** detalles)
- Tú – dieta sana o no
- Tu última visita a un restaurante (**dos** detalles)
- !
- **?** – Deporte

Take care if using reflexive verbs.

Note the difference between **tú** ('you') and **tu** ('your').

This means 'your last visit'. Which tense do you need to use?

You can ask any question about sport ('Do you like…?', 'When do you…?' etc.).

Descripción de una foto. Mira la foto y prepara tus respuestas a las preguntas. Luego haz diálogos con tu compañero/a.

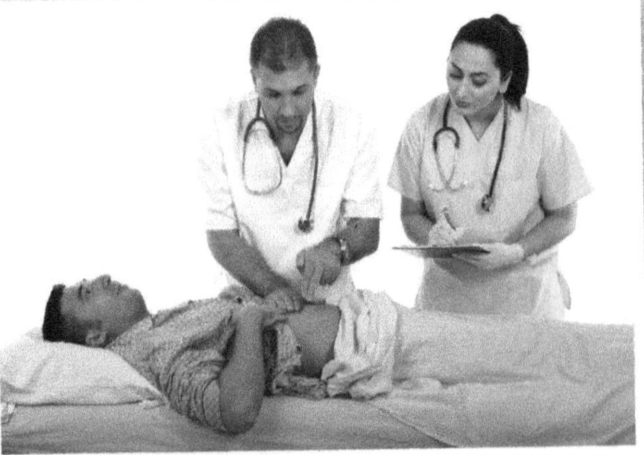

- ¿Qué hay en la foto?
- En tu opinión, ¿qué se debe hacer para estar en forma?
- ¿Qué comiste ayer?

Use **estar** for 'to be' when talking about location or temporary states. Remember:
How you feel and where you are, that is when you use ***estar****.*

Lee estos dos extractos de la novela *Manolito Gafotas* de Elvira Lindo. Contesta a las preguntas en inglés.

A Después del oculista fuimos a desayunar a una cafetería. [...]. Mi padre me dejó pedir un batido, una palmera de chocolate y un donuts. [...].
El camarero se acercó a mi padre y le dijo:
– Parece que el niño tiene hambre.
Luego me dijo a mí:
– Como sigas comiendo así, te vas a hacer más alto que tu papá.

B Aquella tarde invité al Orejones a ver el demonio de Tasmania en mi casa. Lo pasamos bestial poniéndonos pan con colacao y mantequilla y viendo los dibujos los dos tirados en el sofá. Los dos con la cabeza en el mismo lado, porque al Orejones le huelen los pies. El pobre no es perfecto.

Extract A

1 Where did Manolito and his father go after the optician's?

2 In your opinion, did Manolito have a healthy breakfast? Give a reason for your answer.

3 According to the waiter, what will happen if Manolito carries on eating like this?

Extract B

4 Where did Manolito and his friend 'El Orejones' spend the afternoon?

5 Name one thing they ate whilst watching the cartoon.

6 In what way is 'El Orejones' not perfect, according to Manolito?

me dejó pedir	*(he) let me order*
como sigas comiendo	*if you carry on eating*
el mismo lado	*the same side*
huelen	*(they) smell*

SKILLS

Understanding a literary text
These extracts are from a real Spanish children's novel, so they include lots of vocabulary and grammar that you haven't learned yet. Don't worry – just look for the relevant information, using the **four Cs** (see page 43). For example, can you use **clues** and **context** to spot the Spanish word for 'optician's'?

Traduce el texto al español.

Do you need **los** or **las**? Where does this word go?

Use the stem-changing verb **doler**, which works like **gustar**.

Look back at Unit 4 if you need help.

In general, I don't have a healthy diet. For example, I love hamburgers and I eat them every day. Yesterday I went to the cinema where I bought lots of sweets. Now my stomach hurts and I feel sick. From now on I am going to eat more vegetables because to keep fit you mustn't eat junk food.

The adjective **mucho** must agree with the noun.

Use **tener**.

Escribe un correo a tu amigo/a español(a) sobre tu vida.

Menciona:

- tu rutina diaria
- la comida que te gusta/no te gusta
- un deporte que hiciste recientemente
- qué vas a hacer en el futuro para estar en forma.

Try to include:
- direct object pronouns (**lo/la/los/las como...**)
- **(no) se debe** + infinitive
- time phrases (**enseguida, por lo general**).

Check your accuracy, especially with:
- **me gusta(n)** + definite article (**el/la/los/las**)
- reflexive verbs and stem-changing verbs
- **jugar** and **hacer** in the preterite.

Direct object pronouns

Direct object pronouns are words like 'it' and 'them'. They replace the object of the verb.

I eat fish. → I eat **it** twice a week.
Como pescado. → **Lo** como dos veces a la semana.

In Spanish, direct object pronouns come in front of the verb. In sentences with direct object pronouns, expressions of frequency usually come after the verb.

Lo como **de vez en cuando**. I eat it from time to time.

In a negative sentence, direct object pronouns come between the **no** or **nunca** and the verb.

Nunca **lo** como. I never eat it.

Direct object pronouns change according to the gender and number of the object they are replacing.

	singular (it)	**plural (them)**
masculine	lo	los
feminine	la	las

1 Write these sentences out in the correct order.

Example: **1** No las como.

1 no como las
2 menudo como lo muy a
3 días los como todos la
4 los nunca como
5 bebo cada la día
6 vez lo en bebo cuando de

2 Answer each question, saying how often you eat / drink each item.

Example: **1** No, nunca lo como. / Sí, lo como tres veces a la semana.

1 ¿Comes pescado?
2 ¿Comes carne?
3 ¿Comes verduras?
4 ¿Comes perritos calientes?
5 ¿Bebes refrescos?
6 ¿Bebes agua?

Stem-changing verbs

Stem-changing verbs, like **jugar** (to play), have a vowel change in their stem in the 'I', 'you' (singular), 'he/she' and 'they' forms of the present tense. Some people call them 'boot verbs'.

juego	I play	jugamos	we play
juegas	you (sg) play	jugáis	you (pl) play
juega	he/she plays	**jue**gan	they play

In some verbs **e** changes to **ie**:
preferir (to prefer) → pref**ie**res (you prefer)
querer (to want) → qu**ie**re (he/she wants)

In some verbs **o** changes to **ue**:
poder (to be able) → p**ue**den (they can)
dormir (to sleep) → d**ue**rmo (I sleep)

3 Translate these sentences into Spanish.

1 He prefers to dance.
2 What do you (singular) want?
3 She plays football.
4 They sleep for eight hours.
5 I can go to the cinema.

Reflexive verbs

Reflexive verbs often describe an action you do to yourself. They include a reflexive pronoun (e.g. **me**, **te**, **se**). The reflexive pronoun goes in front of the verb and changes according to who does the action.

lavarse	to get washed (to wash oneself)		
me lavo	I get washed	**nos** lavamos	we get washed
te lavas	you get washed	**os** laváis	you (pl) get washed
se lava	he/she gets washed	**se** lavan	they get washed

Some reflexive verbs are also stem-changing:

desp**e**rtarse → me desp**ie**rto   ac**o**starse → me ac**ue**sto   vest**i**rse → me v**i**sto

4 Add the correct reflexive pronoun to these sentences, then translate them into English.

Example: **1** Se levantan a las seis. They get up at six.

1 —— levantan a las seis.
2 —— lavo los dientes.
3 —— acostamos a las diez.
4 ¿A qué hora —— duchas?
5 —— despierta muy temprano.
6 ¿A qué hora —— vestís?

5 Write a sentence in Spanish to go with each picture. Use the part of the verb shown in brackets.

Example: **1** Me despierto a las siete menos cuarto.

1 (I)

2 (she)

3 (they)

4 (we)

5 (you singular)

Se debe

Se debe means 'you/one must'. It is an impersonal verb, which means it is only used in the 'it' form. It is followed by the infinitive.

Se debe beber agua frecuentemente.	You must drink water frequently.
No se debe comer muchos caramelos.	You mustn't eat lots of sweets.

6 Carlos is very unfit. Write eight pieces of advice using se debe and no se debe to help him get fit.

Example: **1** Se debe beber agua frecuentemente.

1 Nunca bebo agua.
2 Duermo tres horas al día.
3 Como comida basura.
4 Bebo muchos refrescos.
5 No entreno.
6 Fumo.
7 Bebo alcohol.
8 No como fruta.

¿Llevas una dieta sana? Do you have a healthy diet?

Llevo una dieta sana.	I have a healthy diet.	**la pasta / la pizza**	pasta / pizza
Me gusta (bastante / mucho) el pan.	I (quite / really) like bread.	**los caramelos**	sweets
		los huevos	eggs
Me gustan las galletas.	I like biscuits.	**los pasteles**	cakes
No me gusta(n) (nada)…	I (really) don't like… (at all).	**las galletas**	biscuits
el arroz / el pan	rice / bread	**las verduras**	vegetables
el pollo / el pescado	chicken / fish	**Como / Comí verduras.**	I eat / ate vegetables.
la carne / la ensalada	meat / salad	**Bebo / Bebí agua.**	I drink / drank water.

¿Con qué frecuencia comes pescado? How often do you eat fish?

Lo/La/Los/Las como…	I eat it/them…	**muy a menudo**	very often
tres veces al día	three times a day	**a veces**	sometimes
cada día / todos los días	every day	**de vez en cuando**	from time to time
dos veces a la semana	twice a week	**(Casi) nunca lo/la/ los/las como.**	I (almost) never eat it/ them.
los fines de semana	at weekends		
una vez al mes	once a month		

¿Qué haces para estar en forma? What do you do to keep fit?

Me gusta mucho hacer deporte.	I really like doing sport.	**Juego a la pelota vasca.**	I play pelota (Basque ball game).
Hago artes marciales.	I do martial arts.	**…en el parque / gimnasio**	…in the park / gym
Hago atletismo.	I do athletics.	**Voy al polideportivo.**	I go to the sports centre.
Hago footing.	I go jogging.	**Soy miembro de un club.**	I belong to a club.
Hago gimnasia.	I do gymnastics.	**Voy a clases de baile.**	I go to dance classes.
Hago natación.	I go swimming.	**Prefiero jugar al fútbol.**	I prefer playing football.
Juego al baloncesto.	I play basketball.	**Es mi deporte preferido.**	It is my favourite sport.
Juego al ping-pong.	I play table tennis.	**Empecé (a jugar)… a los (diez) años**	I started (playing)… at the age of (ten)
Juego al rugby	I play rugby		
Juego al tenis.	I play tennis.	**Voy a empezar a (hacer)…**	I am going to start (doing)…
Juego al voleibol.	I play volleyball.		

¿Cuál es tu rutina diaria? What is your daily routine?

me despierto (muy temprano / a las siete)	I wake up (very early / at 7 o'clock)	**meriendo**	I have an afternoon snack
		ceno (…)	I have (… for) dinner
me levanto (enseguida)	I get up (straight away)	**salgo (a correr)**	I go out (running)
me lavo los dientes	I brush my teeth	**corro (veinte kilómetros)**	I run (twenty kilometres)
me ducho	I shower	**entreno**	I exercise / train
me visto	I get dressed	**voy al insti / trabajo**	I go to school / work
me acuesto	I go to bed	**termino (a las dos)**	I finish (at two o'clock)
desayuno	I have breakfast	**duermo (ocho horas)**	I sleep (for eight hours)

Consejos para estar en forma **Advice for keeping fit / in shape**

Para estar en forma…	To keep fit / in shape…
Se debe…	You/One must…
beber agua frecuentemente	drink water frequently
comer más fruta y verduras	eat more fruit and vegetables
comer menos chocolate / caramelos	eat less chocolate / fewer sweets
dormir ocho horas al día	sleep for eight hours a day
entrenar una hora al día	train for one hour a day
No se debe…	You/One must not…
beber alcohol	drink alcohol
beber muchos refrescos	drink lots of soft drinks
comer comida basura	eat junk food
fumar	smoke
Soy adicto/a al / a la / a los / a las…	I am addicted to…
A partir de ahora, voy a…	From now on, I am going to…

¿Qué tal estás? **How are you?**

¿Qué te duele?	What hurts?
¿Te duele el estómago?	Does your stomach hurt?
Me duele el brazo / el estómago / el pie.	My arm / stomach / foot hurts.
Me duele la cabeza / la espalda / la garganta.	My head / back / throat hurts.
Me duele la mano / la pierna.	My hand / leg hurts.
Me duelen los dientes.	My teeth hurt.
Me duelen los oídos.	My ears hurt / I have earache.
Me duelen los ojos.	My eyes hurt.
Tengo catarro.	I have a cold.
Tengo náuseas.	I feel sick / nauseous.
Tengo quemaduras de sol.	I have sunburn.
Tengo tos.	I have a cough.
Estoy cansado/a.	I'm tired.
Estoy enfermo/a.	I'm ill.
No me encuentro bien.	I don't feel well.

Palabras muy frecuentes **High-frequency words**

lo/la	it
los/las	them
casi	almost, nearly
cada	each, every
todo/a/os/as	all
mucho/a/os/as	a lot (of)
ayer	yesterday
hace (dos) años	(two) years ago
el fin de semana pasado	last weekend
la próxima vez	next time
para	(in order) to, for
creo que	I think that

Estrategia 3

Learning new vocabulary

la mano	hand
la pierna	leg
el pie	foot

- Make your own word games. For example, write down the Spanish words you need to learn in one column and their English translations in another. Cut them up and play a game of pairs. Say each Spanish word to yourself as you pick it up.
- Next, take your learning further. In your vocabulary lists, highlight the words you definitely know in green. Highlight the ones that you don't know in red. Work harder at learning the red words. When you think you know a red word, draw a star by it.

Una rutina de baile

- Teaching a dance routine
- Revising the imperative

Escucha. Escribe las letras en el orden correcto.

Ejemplo: c, …

a
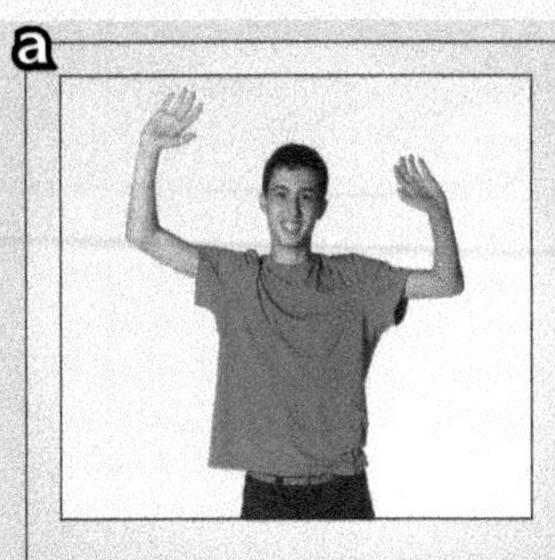
Las manos arriba.

b
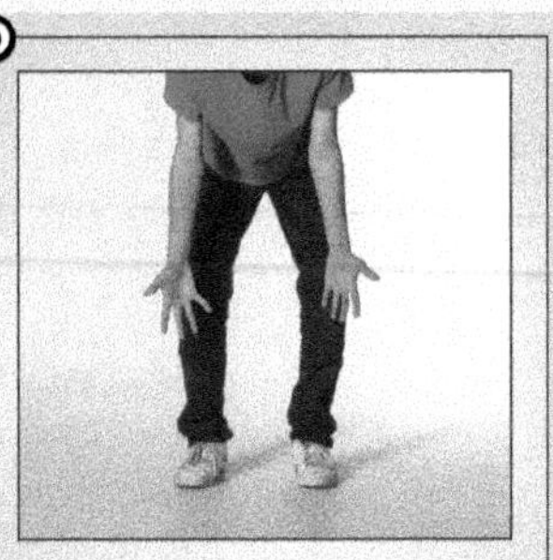
Las manos abajo.

c

Da un paso a la izquierda.

d

Da un paso a la derecha.

e

Toca los dedos de los pies.

f

Pon las manos en las caderas.

g

Haz un círculo con las caderas.

h

¡Otra vez! ¡Repite!

i

¡Da palmas!

j
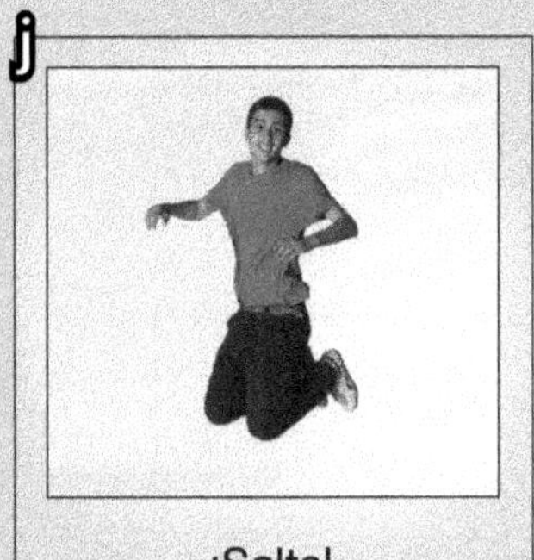
¡Salta!

Remember, you use the imperative to tell someone what to do. Take the **tú** (you) form of the verb in the present tense and take off the final 's'.

tocas (you touch) → **¡Toca!** (Touch!)
repites (you repeat) → **¡Repite!** (Repeat!)

Some imperatives are irregular:

haces (you make) → **¡Haz!** (Make!)
pones (you put) → **¡Pon!** (Put!)

Escribe <u>cinco</u> instrucciones nuevas para hacer una rutina de baile.

Ejemplo:

Pon las manos <u>en la cabeza</u>…

Con tu compañero/a, da instrucciones para hacer una rutina de baile. Tu compañero/a baila.

Ejemplo:

- Primero, da un paso a la derecha. Luego…

Use sequencers to help tell your partner what to do:

primero **luego** **ahora**
después **finalmente**

4 Escucha y completa la canción con las palabras del recuadro.

Con la mano dentro, con la mano fuera.
Con la **1** ___ dentro y la hacemos girar.
Bailando el bugui, bugui,
Una vuelta atrás y ahora **2** ___ aplaudir.

Estribillo
Hey bugui, bugui hey.
Hey bugui, bugui hey.
Hey bugui, bugui hey.
Y ahora vamos a **3** ___.

Con la pierna dentro, con la pierna fuera.
Con la **4** ___ dentro y la hacemos girar.
Bailando el bugui, bugui,
Una vuelta atrás y ahora vamos a aplaudir.

(Estribillo)

Con la cabeza **5** ___, con la cabeza fuera.
Con la cabeza dentro y la hacemos girar.
Bailando el bugui, bugui,
Una vuelta atrás y ahora vamos a aplaudir.

(Estribillo)

Todo el **6** ___ dentro, todo el cuerpo fuera.
Todo el cuerpo dentro y lo hacemos girar.
Bailando el bugui, bugui,
Una vuelta atrás y ahora vamos a aplaudir.

dentro
mano
aplaudir
pierna
cuerpo
vamos a

5 Busca las frases en español en la canción.

1 with your hand in
2 a backward step
3 with your head out
4 we twist it around
5 now we are going to clap
6 whole body in

6 En un grupo de cuatro personas, prepara una rutina de baile.

- Choose a song. Think carefully about the rhythm. You should keep things simple, but it needs to be lively!
- Divide the song into segments and invent steps for each segment.
- Write out the instructions in Spanish.
- Rehearse. Teach each other the steps in Spanish as you practise.
- Choose an outfit for your group. Can you all wear the same coloured T-shirt, for example?
- Smile and have fun as you dance!

7 Cada grupo presenta su baile. Los otros grupos puntúan sobre seis y dan su opinión.

Each group presents their dance. The other groups give a score out of 6 and give their opinion.

A mí me encanta.
No me gusta nada.
¡Ay! ¡Qué horror!
Me gusta muchísimo.
¡Qué buena idea!

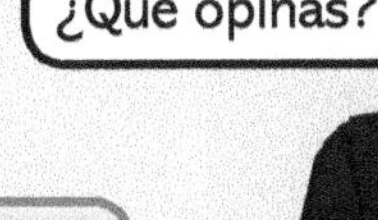

Jóvenes en acción

1 Mira el anuncio. ¿A qué se refiere?

2 ¿Cuántos kilos de botellas de plástico recicladas contienen los coches Ford?

04.05.2012 | 15:29 |
Por: Subiuncambio
Autos Ford con botellas recicladas
En América del Sur la compañía fabrica coches con partes que contienen 5–7 kilos de botellas plásticas recicladas (por ejemplo, revestimiento de techo y alfombras).

Some words are different in Latin American and Castilian Spanish:
car { **coche** (Castilian) / **auto** (Latin American)

3 Para participar en este concurso, se debe…

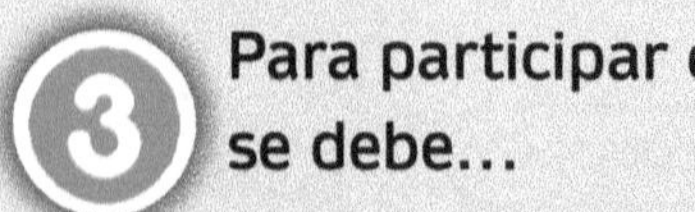

a correr.
b leer.
c estudiar.
d dibujar.

¿En cuántos años se descompone una bolsa de plástico?

Una bolsa de plástico tarda unos 400 años en degradarse. Por eso es importante limitar su uso a lo absolutamente necesario.

COMPOSTABLE

Alternativa 1: Bolsa reutilizable	**Alternativa 2: Bolsa de papel**	**Alternativa 3: Bolsa de bioplástico**

Raquel Carvajal Amador, Imagen de Veracruz

- **a** trescientos años
- **b** doscientos años
- **c** cuatrocientos años
- **d** cien años

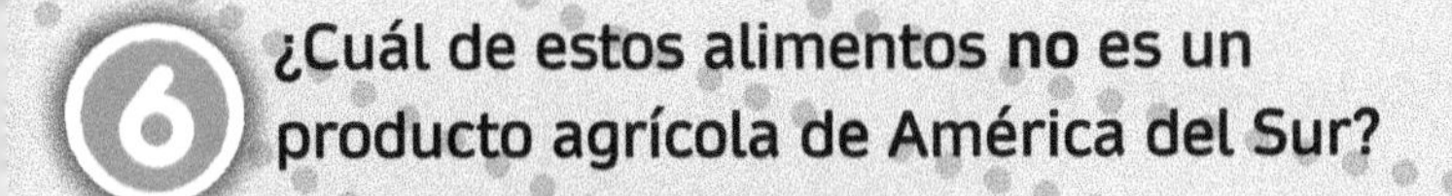

¿Cuál es el mensaje de este anuncio?

¿Cuál de estos alimentos **no** es un producto agrícola de América del Sur?

- **a** el cacao
- **b** las patatas
- **c** el maíz
- **d** las naranjas chinas
- **e** el café

Did you know that bananas are an important crop in Spanish-speaking Latin America? The average banana eaten in the UK has travelled 4680 miles!

Mis derechos

- Talking about children's rights
- Using the verb **poder**

Empareja las frases con las fotos correctas.

Ejemplo: **1** c

tengo derecho a	*I have the right to*

1. Tengo derecho a la educación.
2. Tengo derecho al juego.
3. Tengo derecho al amor y a la familia.
4. Tengo derecho a un medio ambiente sano.
5. Tengo derecho a la libertad de expresión.
6. Tengo derecho a vivir en armonía.

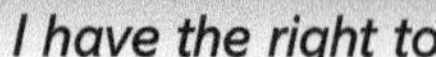

a

b

c

d

e

f

Zona Cultura

The United Nations Convention on the Rights of the Child is an important document that outlines every child's rights. Around the world, however, some children are deprived of these rights.

2 Escucha y comprueba tus respuestas. (1–6)

3 Escucha y escribe la letra correcta para completar las frases. (1–6)

Ejemplo: **1** c

gritar	*to shout*

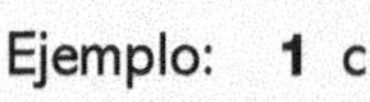

1	Natalia:	No puedo dar mi opinión…	**a**	porque tengo que trabajar.
2	Diego:	No puedo dormir…	**b**	porque el aire está contaminado.
3	Aaliyah:	No puedo ir al insti…	**c**	porque soy una chica.
4	Adrián:	No puedo salir…	**d**	porque mi padre grita mucho.
5	Kori:	No puedo jugar con mis hermanos…	**e**	porque tengo que ganar dinero.
6	Sergio:	En la ciudad donde vivo no podemos respirar…	**f**	porque hay mucha violencia en mi ciudad.

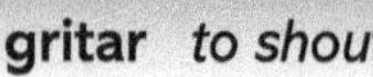

Gramática

Poder (to be able to / can) is a stem-changing verb that is usually followed by the infinitive.

puedo	I can	**podemos**	we can
puedes	you can	**podéis**	you (pl) can
puede	he/she can	**pueden**	they can

No puedo dormir. I can't sleep.
No podemos respirar. We can't breathe.

>> p96

4 Traduce las frases del ejercicio 3 al inglés.

Ejemplo: **1** I can't give my opinion because I am a girl.

5 **Con tu compañero/a, habla de los problemas de los niños del ejercicio 3. Usa los derechos del ejercicio 1.**

Ejemplo:
- A ver… Adrián no puede salir porque hay mucha violencia en su ciudad.
- No es justo porque tiene derecho a vivir en armonía.

No es justo porque…	*It isn't fair because…*
Es inaceptable porque…	*It is unacceptable because…*

Think about which elements of the sentences from exercise 3 you need to change when talking about someone else.
For example:
mi/mis (my) → **su/sus** (his/her)
puedo (I can) → **puede** (he/she can)
You will need to change other verbs, too.

6 **Lee el artículo. ¿Verdadero o falso? Escribe V o F.**

privado/a	*deprived*
las mujeres	*women*

¿Privados de derechos?

Me llamo Iker. Tengo trece años y soy español. Tenemos mucha suerte en España porque tenemos muchas posibilidades. Por ejemplo, podemos dar nuestra opinión y también podemos ir al insti. En el futuro voy a ser médico.

Me llamo Sita y soy paquistaní. Vivo en Karachi. En nuestro país a veces hay violencia contra las mujeres. Tenemos derecho a vivir en armonía, pero no podemos salir solas. En el futuro voy a ser abogada porque quiero ayudar a la gente.

Me llamo Liliana y soy mexicana. En mi país hay niños que no pueden ir al insti porque tienen que trabajar y ganar dinero. En la Ciudad de México hay niños que no pueden respirar bien porque hay mucha contaminación. En el futuro voy a ser profesora porque quiero educar a los niños.

1. En España los niños no van al colegio.
2. En Pakistán las niñas pueden salir solas.
3. En México hay niños que no tienen acceso a la educación.
4. En el futuro Sita quiere trabajar como peluquera.
5. A Iker le gustaría ser abogado.
6. Liliana quiere educar a los niños privados de derechos.

Adjectives of nationality start with a small letter in Spanish and, as with all adjectives, they have to agree in gender.

ending in:	masculine singular	feminine singular
-o	mexicano	mexicana
-és	inglés	inglesa
other consonants	español	española

7 **Escucha. Copia y completa la tabla en inglés.**

el/la periodista	*journalist*

name	nationality	rights	future plans
Isaac			
Andrea			

8 **Eres David, un chico colombiano. Escribe un artículo sobre tu vida.**

- David – Colombian – lives in Bogotá **(Me llamo… soy… Vivo…)**
- Can express opinion **(Puedo…)**
- Can play, not much violence **(También puedo… porque…)**
- In Colombia there are some children who have to work to earn money **(En Colombia hay niños que…)**
- Right to healthy environment, but air is polluted **(Tengo derecho a…)**
- In future will be a lawyer because wants to help people **(En el futuro…)**

El comercio justo

- Talking about fair trade
- Expressing your point of view

1 Escucha y lee.

el patrón *employer*
los beneficios *profits*

¿Quién hace los productos que compras?

Tiene doce años.
Vive en una plantación.
Trabaja catorce horas al día.
Trabaja seis días a la semana.
Gana treinta y ocho euros al mes.
Carla trabaja para un patrón.

Carla

Tiene dieciocho años.
Vive con su familia.
Trabaja siete horas al día.
Trabaja cinco días a la semana.
Gana sesenta euros al mes.
José trabaja para una cooperativa.

José

El patrón

El patrón de Carla tiene cincuenta años.
Trabaja ocho horas al día.
Trabaja cinco días a la semana.
Recibe beneficios del 70%.
Normalmente son quinientos euros al mes.

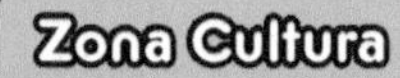

Zona Cultura

a cooperative = an organisation owned by its members

Fairtrade = an organisation that fights for better working conditions and prices for farmers and workers in the developing world

2 Lee el texto otra vez. Elige la respuesta correcta.

1 José gana más / menos que Carla.
2 Carla es más joven / vieja que José.
3 Carla trabaja más / menos horas al día que su patrón.
4 José vive con su patrón / familia.
5 El patrón de Carla trabaja más / menos que José.
6 Carla gana más / menos que su patrón.

Gramática

Remember, the present tense verb endings for the **third person** (he/she/it/they) work like this:

infinitive	3rd person singular (he/she/it)	3rd person plural (they)
trabajar	trabaja	trabajan
tener	tiene	tienen
vivir	vive	viven

>> p96

3 Traduce el texto al español.

Identify the infinitive (is it an **-ar**, **-er** or **-ir** verb?) and whether you need the third person singular ('he/she/it') or plural ('they') form.

Manuela and her brother work ten hours a day, six days a week. They earn forty euros a month. Her brother is nine years old. However, he doesn't read and doesn't write because he never goes to school. Sometimes they cannot breathe in the city where they live because there is a lot of pollution.

Don't forget to make these phrases negative.

Which verb do you need here?

The verb 'to be able to/ can' is followed by...?

Escucha a las personas que están hablando del comercio justo. Escribe las frases en el orden correcto.

Listen to the people talking about fair trade. Write the sentences in the correct order.

a A partir de ahora voy a comprar productos con el sello de comercio justo.

b Mira… lo bueno es que José, que trabaja para una cooperativa, puede ganar lo suficiente para vivir.

c Yo también voy a comprar productos con el sello de comercio justo.

d El problema es que los productos con el sello de comercio justo son más caros.

e Pero lo malo es que Carla tiene que trabajar catorce horas al día y no gana lo suficiente para vivir.

f Y a veces no se pueden encontrar estos productos fácilmente.

Trabaja en un grupo de cuatro personas. Una persona es Carla o José. Describe tu vida. Los otros reaccionan.

- ● Me llamo… Trabajo… Gano…
- ■ Lo bueno es que…
- ▲ ¡Qué bien! / ¡Es justo!
- ◆ Lo malo es que… / El problema es que…
- ■ ¡No es justo! / ¡Es inaceptable! En el futuro voy a…
- ▲ Yo también voy a…

Lee el texto. Completa las frases en inglés.

¿Por qué trabajan los niños?

En algunos países muchos niños trabajan en fábricas y son explotados. Si los niños no van a la escuela, pueden trabajar. Si los niños trabajan, pueden ganar dinero para sus familias. Para los jefes, los niños son más baratos que los adultos: los jefes les pagan menos. Los niños trabajan catorce horas al día, seis días a la semana, en condiciones de trabajo horrorosas y no se quejan…

In some countries many children **1**___ in factories and are **2**___. If children **3**___ school, they can **4**___. If children **5**___, they can **6**___. For bosses, **7**___ are cheaper than **8**___: bosses pay them **9**___. The children work **10**___ a day, **11**___ a week, in terrible **12**___ and don't complain…

Escribe un artículo para una revista.

Write:

- Yolanda is thirteen years old **(Yolanda tiene…)**
- she lives on a plantation **(Vive…)**
- she works six days a week and earns thirty-five euros a month **(Trabaja… y gana…)**
- how you feel about this **(En mi opinión, es / no es…)**
- that you will buy fair trade products from now on **(A partir de ahora…)**.

¡Reciclamos!

- Talking about recycling
- Using **se debería**

Escucha y lee el rap. Pon las fotos en el orden correcto del texto.

Ejemplo: f, …

apagar la luz	*to turn off the light*
cerrar el grifo	*to turn off the tap*

¿Qué se debería hacer para proteger el medio ambiente?

¡Planeta, te quiero verde! ¡Planeta, te quiero verde!
Se debería reciclar el papel y el vidrio.
Y también se debería reciclar el plástico.

¡Planeta, te quiero verde! ¡Planeta, te quiero verde!
Se debería ir en bici o usar transporte público.
Se debería desenchufar los aparatos eléctricos.

¡Planeta, te quiero verde! ¡Planeta, te quiero verde!
Se debería ahorrar energía en casa.
Se debería apagar la luz y conservar el agua.

¡Planeta, te quiero verde! ¡Planeta, te quiero verde!
Se debería ducharse en vez de bañarse.
Se debería, en casa, cerrar el grifo.

¡Planeta, te quiero verde! ¡Planeta, te quiero verde!
No se debería usar bolsas de plástico.
Se debería... se debería... se debería reciclar.

¡Planeta, te quiero verde! ¡Planeta, te quiero verde!
No se debería tirar la basura al suelo.
¡No se debería malgastar el agua!

¡Planeta, te quiero verde! ¡Planeta, te quiero verde!

a

b

c
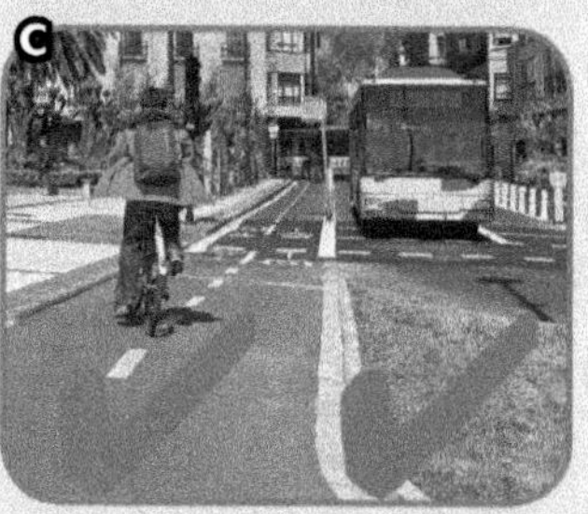

d

e
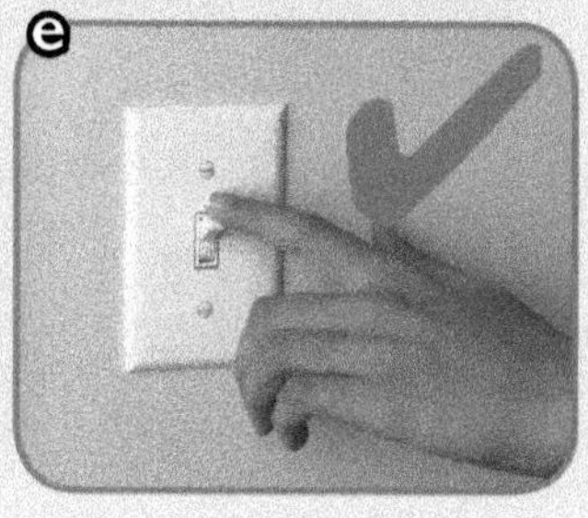

f
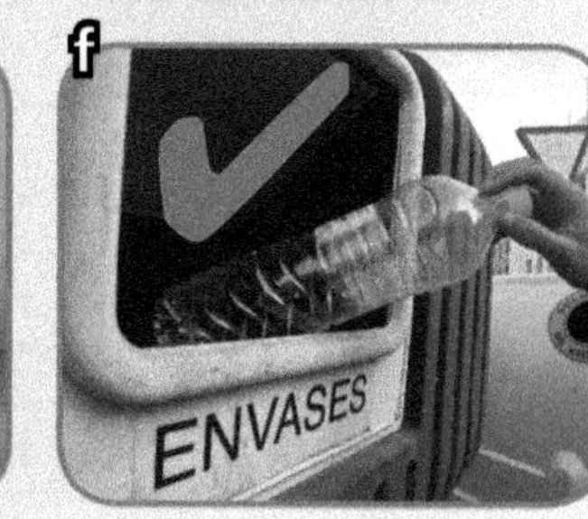

¡Canta el rap!

Gramática

Se debería + infinitive means 'you/we should'. It is the conditional form of **se debe**.

Se debería reciclar.	You/We should recycle.
No se debería usar bolsas de plástico.	You/We shouldn't use plastic bags.

>> p97

Busca las frases en español en el rap.

1. You should recycle paper and glass.
2. You should save energy at home.
3. You shouldn't waste water.
4. You shouldn't throw rubbish on the ground.
5. You should unplug electrical devices.
6. You shouldn't use plastic bags.

Juego de memoria. Con tu compañero/a, añade por turnos otro consejo a la frase.

¿Qué se debería hacer para proteger el medio ambiente?

● Se debería apagar la luz.
■ Se debería apagar la luz y no se debería tirar la basura al suelo.

5 LEER

Lee el texto. Copia y completa la tabla en inglés.

Para ser un instituto verde...

Hace dos años:
- Empezamos un programa de reciclaje en el insti.
- Hicimos un jardín en el insti, donde plantamos árboles y flores.
- Organizamos una recogida de basura un día en nuestro insti.

Ahora:
- Vamos en bicicleta al insti.
- Utilizamos el papel por ambos lados.
- No tiramos la basura al suelo.

Proyectos posibles:
- Se debería organizar un evento para el 22 de abril, Día de la Tierra.
- Se debería hacer compostaje.
- Se debería reutilizar las cosas, así que en la cafetería vamos a usar vasos y platos reutilizables.
- Se debería reducir el consumo eléctrico.

Remember, the 'we' form of **-ar** verbs is the same in the preterite and the present tense: **organizamos** means 'we organise' and 'we organised'.

la recogida *collection*
ambos lados *both sides*

what they did 2 years ago…	what they do now…	what they should do…
began a recycling programme		

6 ESCUCHAR

Escucha y escribe las letras de las dos acciones que no se mencionan.

a 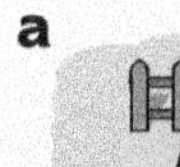 

b 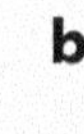 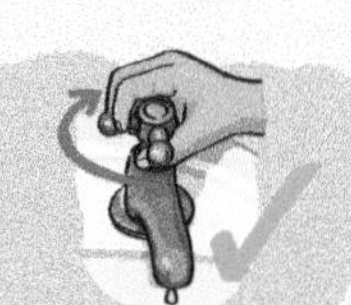

c 

d 

e 

f 

g 

h 

SKILLS

Creating complex sentences

You can use **para** (in order to) + **infinitive** to create more complex sentences.

Para ser un instituto verde…	In order to be a green school…
Para proteger el medio ambiente…	In order to protect the environment…

7 HABLAR

Prepara tus respuestas a las preguntas. Con tu compañero/a, pregunta y contesta.

- ¿Qué hiciste recientemente para proteger el medio ambiente?
- Para proteger…, el año pasado hicimos / organizamos…
- ¿Qué hacéis ahora para ser un instituto verde?
- Ahora reciclamos / reutilizamos / usamos…
- ¿Qué se debería hacer en el futuro para proteger el planeta?
- Creo que se debería hacer / reducir / utilizar…

Mi ciudad

- Talking about how a town has changed
- Using the imperfect tense

¿Cómo era tu ciudad antes? ¿Cómo es ahora? Empareja las frases.

Ejemplo: 1 b

¿Cómo era tu ciudad antes? ¿Cómo es ahora?

peligroso/a	*dangerous*
sucio/a	*dirty*
el barrio	*neighbourhood*

Antes…

1 
…en mi ciudad no había medios de transporte público.

2 
…no había nada para los jóvenes.

3 
…en mi ciudad había mucha violencia. Era muy peligrosa.

4 
…mi ciudad estaba sucia y había mucha basura.

5 
…había mucha contaminación.

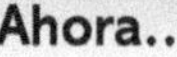
Ahora…

a 
…no tiene barrios peligrosos. Hay parques y espacios públicos muy bonitos.

b 
…hay una red de transporte muy buena.

c 
…hay menos contaminación.

d 
…está limpia y hay menos basura.

e 
…hay muchas cosas para los jóvenes, por ejemplo polideportivos.

Escucha y comprueba tus respuestas. (1–5)

Gramática

The imperfect tense describes what something used to be like.

present	imperfect
hay (there is/are)	**había** (there used to be)
tiene (it has)	**tenía** (it used to have)
está (it is)	**estaba** (it used to be)
es (it is)	**era** (it used to be)

Note: you use **estar** to refer to a location or a condition (e.g. clean, dirty).

>> p97

Pronunciación

Remember, the Spanish **c** is pronounced as a 'th' sound before **i** and **e**.

d is a soft sound flicked off the back of the teeth. Practise saying **ciudad**.

>> p139

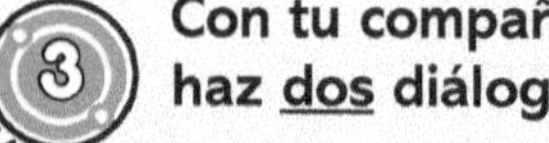

Con tu compañero/a, haz dos diálogos.

1

- ¿…?
- Antes había mucha contaminación. Además,…
- ¿…?
- Ahora hay menos… y…

Think carefully about how to ask what your partner's town used to be like and what it is like now. Which question words will you use? Which tenses do you need?

	before	after
1	pollution, nothing for young people to do, violence	less pollution, sports centres, not dangerous
2	no public transport, dirty, lots of rubbish	good transport, clean, less rubbish

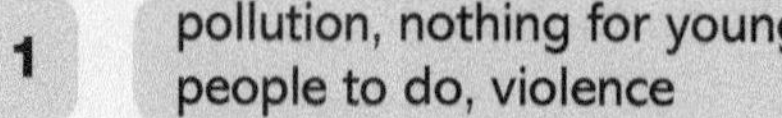

4 **Lee los tuits. Copia y completa la tabla en inglés para cada persona.**

name	city in past	city in present	city in future
Leila	lots of violence		

Leila@leila98
#miciudad Antes en mi ciudad había mucha violencia, pero ahora no hay barrios peligrosos y en el futuro creo que van a construir un club juvenil.

Javier Rojas@javierrrrrrr
#miciudad Antes en mi ciudad no había trenes, pero ahora hay una red de transporte muy buena y en el futuro van a construir un aeropuerto.

Patricia R@patricia709
#miciudad Antes en mi ciudad no había nada para los jóvenes, pero ahora hay muchas cosas, por ejemplo un polideportivo y un cine, y en el futuro van a construir una bolera.

Bea@bea91
#miciudad Antes mi ciudad era muy aburrida. No había nada divertido que hacer, pero ahora hay cosas apasionantes y en el futuro van a construir un acuario. ¡Qué guay!

5 **Traduce el texto al inglés.**

Antes mi ciudad estaba muy sucia, pero ahora hay menos contaminación porque hace dos años las autoridades organizaron una recogida de basura. Sin embargo, no hay mucho para los jóvenes – por ejemplo no hay donde hacer deportes. En el futuro creo que van a construir un polideportivo. ¡Va a ser genial!

SKILLS

Recognising tenses

Time phrases will help you to identify the tense, but always look for the verb clues as well. Think carefully about the tense and person when translating the verbs in this task.

6 **Escucha a los jóvenes. Escribe las letras en la columna correcta.**

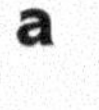
a

b

name	before	now	future
Maricarmen	f		
Jorge			

c

d

e

f

7 **Trabaja en un grupo de cuatro. Habla de una ciudad que conoces.**
Work in a group of four. Talk about a town or city that you know.

Ejemplo:
● En mi opinión, antes no había nada para los jóvenes, pero ahora hay muchas cosas interesantes.
■ ¿Estás loco/a? No estoy de acuerdo. No hay nada para los jóvenes.
▲ No, no tienes razón. Hay muchas posibilidades para los jóvenes, y además, en el futuro…

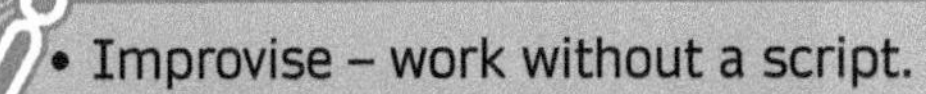

- Improvise – work without a script.
- React to one another's answers.
- Try to paraphrase (say things in a different way).

8 **Elige una ciudad: Medellín, Montevideo o Lima. Busca información en Internet y escribe un texto.**

Escribe:
- cómo era **(Antes… no había… tenía… También estaba…)**
- cómo es **(Ahora hay… tiene… También está…)**
- cómo va a ser en el futuro **(En el futuro van a construir… Va a ser…)**.

Queremos recaudar fondos

- Writing about fundraising
- Choosing the correct Spanish word

WRITING SKILLS

Lee el texto. Busca las frases en español en el texto.

En mi insti hacemos muchos proyectos solidarios. El año pasado, por ejemplo, hicimos una marcha para recaudar fondos para niños privados de sus derechos en Colombia. ¡Lo pasamos bomba y, además, recaudamos mucho dinero!
El año que viene vamos a hacer un lavado de coches porque queremos recaudar fondos para la asociación española contra el cáncer. ¡Va a ser muy divertido!

1 we do lots of charity projects
2 we did a walk to raise funds for…
3 what's more, we raised lots of money
4 Next year, we are going to do a car wash.
5 It's going to be really fun!

Busca las palabras <u>subrayadas</u> en un diccionario.

1 We did a <u>run</u> to raise funds.
2 We organised a <u>dance</u> to raise funds.
3 Next year we are going to have a <u>raffle</u>.
4 We are going to work for the <u>community</u>.
5 It's going to be <u>wonderful</u>.

SKILLS

Using the English-to-Spanish section of a dictionary

It is important to know whether the word you want to look up is a noun, a verb or an adjective. Look for the following abbreviations:

n = noun   *vt* (or *vi*) = verb   *adj* = adjective

'We did a sponsored <u>run</u>.'
Is 'run' a noun or a verb in this sentence?

'to help <u>fight</u> AIDS in Africa'
Do you need the noun or the verb for 'fight'?

Traduce las frases del ejercicio 2 al español.

SKILLS

Words with multiple meanings

Some words have more than one meaning. For example, if you want to say your school is going to have a <u>draw</u>, you might find this:

draw *n*	*vt*
1. (= *lottery*) lotería *f*	1. (= *pull*) correr
2. (= *equal score*) empate *m*	2. (= *extract*) sacar
	3. (= *sketch*) dibujar

Which word should you choose and why?

A good way of making sure you have chosen the right word is to check in the Spanish-to-English part of the dictionary. Ask yourself:

- How is the word you have found translated back into English?
- Are there any example sentences that might help you?

Remember, 'm' or 'f' after a noun tells you whether it is masculine or feminine. From this, you can work out whether to use **el** or **la**, **un** or **una**.

Elige la palabra correcta. Busca en un diccionario si es necesario.

1 I am going to run in a marathon.
Voy a dirigir / correr / funcionar en un maratón.

2 We raised funds.
Criamos / recaudamos / elevamos fondos.

3 It's for an important cause.
Es para una razón / un motivo / una causa importante.

4 They organised a race.
Organizaron una raza / una carrera / un género.

5 I won first place.
Gané el primer asiento / sitio / puesto.

6 He works for a charity.
Trabaja / Funciona / Acciona para una organización benéfica.

Busca el verbo correcto y completa las frases.

1 La semana pasada ___ un partido de fútbol con fines benéficos. (we organised)
2 ___ los fondos a proyectos solidarios. (We are going to donate)
3 Quiere ___ a los demás. (to help)
4 ___ contra el cáncer. (We fight)
5 ___ a una fiesta del Día del Niño. (We are going to attend)

con fines benéficos	*for charity*
los demás	*other people*

SKILLS

Using the right verb form

Verbs are listed in the infinitive in a dictionary. Ask yourself:

- If more than one verb is given, which one is correct for the context?
- Which tense do you need? Or do you just need the infinitive (e.g. after another verb)?
- Which person of the verb do you need to use ('I', 'you', 'he/she', 'we', etc.)?

If you need help forming your verb, use the verb tables on pages 136–138.

Completa el texto con los verbos del recuadro.

En mi insti vamos a **1** ___ una campaña para **2** ___ fondos. Tenemos que elegir una organización benéfica y luego tenemos que **3** ___ qué actividad vamos a hacer. Hay muchas opciones. Por ejemplo, yo quiero **4** ___ durante veinticuatro horas, pero mi amiga prefiere **5** ___ pasteles. O tal vez vamos a hacer una rifa con un gran premio. Un lavado de coches es otra idea o también podemos **6** ___ y vender un calendario.

bailar
recaudar
vender
hacer
diseñar
decidir

elegir *to choose*

Describe los proyectos solidarios en tu instituto.

Write:

- that you did a charity project last year **(El año pasado hicimos…)**
- that you raised a lot of money **(Recaudamos…)**
- how it went **(¡Lo pasamos / Fue…!)**
- what you are going to do next year **(El año que viene vamos a…)**
- that you want to raise money for a good cause **(Queremos recaudar…)**.

Solidarios

- Reading about world issues
- Working out meaning using common sense and context

READING SKILLS

Lee el poema. Contesta a las preguntas en inglés.

Niños de Somalia

Yo como
Tú comes
Él come
Nosotros comemos
Vosotros coméis
¡Ellos no!

Gloria Fuertes

1. Which part of the verb **comer** is not used in the poem and why?
2. What is the poet's message? Explain why you think this.
3. What is your opinion of this poem? Explain your reasons.

SKILLS

Using the four Cs

Remember to use **clues** (e.g. the questions in English, picture, title), **cognates**, **context** and **common sense** to help you answer the questions.

Escribe un poema utilizando *Niños de Somalia* como modelo. Elige uno de los títulos y utiliza el verbo indicado.

Write a poem using 'Niños de Somalia' as a model. Choose one of the titles and use the verb given.

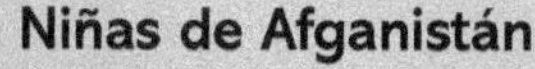

Niñas de Afganistán

estudiar

Niños de Haití

beber

Lee el texto. ¿Qué dos dibujos no se mencionan?

¿Qué podemos hacer para luchar contra el trabajo infantil?

- Podemos ser consumidores responsables de productos agrícolas.
- Podemos consumir y malgastar menos comida.
- Podemos respetar los derechos de los niños a la educación, al descanso y al juego.
- Podemos comprar productos con el sello de comercio justo.

Traduce el texto del ejercicio 3 al inglés.

Empareja los títulos con los dibujos correctos.

Ejemplo: **1** c

Consejos para Reciclar

Empieza en casa

1

2

3

4

5

Utiliza bien los contenedores

Cada cosa en su sitio

Lámparas y fluorescentes

Teléfonos móviles

Pilas

Videoconsolas

Dale una oportunidad a tus residuos

Juega al fútbol-chapa o a una carrera ciclista

Haz macetas con latas y briks

Escuela de RECICLAJE

Ilustraciones: © Antonio Ojea
Edita: WWF España

www.escueladereciclaje.com • www.wwf.es

> **SKILLS**
>
> **Understanding unfamiliar words**
>
> The **four Cs** can also help you understand the detail of the text and work out the meaning of new words.
>
> Can you work out what the following instruction from the poster means?
>
> **Utiliza bien los contenedores.**

a Papel y cartón al contenedor azul

b Plásticos, latas y tetra briks al contenedor amarillo

c Separa los residuos para llevarlos al contenedor correcto

d Ropa usada al contenedor morado

e Vidrio al contenedor verde

Lee el texto y escribe las frases completas en inglés.

5 consejos para cuidar el medio ambiente

1 Es muy importante no malgastar el agua. Por eso, cierra el grifo mientras te limpias los dientes, o cuando usas el jabón en la ducha. Lo más importante es ducharse en lugar de bañarse.

2 Para salvar árboles, compra papel reciclado. Además, antes de reciclar el papel, úsalo por los dos lados.

3 Utiliza el transporte público en vez del coche. Así toda la familia ayudará a reducir la contaminación y a evitar el malgasto de energía.

4 Reutiliza las bolsas de plástico que tienes en casa. Si es posible, utiliza bolsas biodegradables.

5 Aprovecha la luz natural y no abuses de la luz eléctrica. Es bueno cambiar nuestro horario para aprovechar las horas de luz solar.

1 In order to save water, ___ when you are brushing ___.

2 If you buy ___ you will save trees. Before ___, use it on both sides.

3 Use ___ instead of the car.

4 Reuse plastic ___. It is better if they are ___.

5 Take advantage of ___ and don't use too much ___. It's good to change our timetable to take advantage of ___.

● say what rights I have as a child	**Tengo derecho al juego.**
● discuss children's lack of rights	**No es justo porque no tiene derecho a la educación.**
▫ use the verb **poder** with an infinitive	**No pueden ir al instituto.**
▫ use adjectives of nationality	**Soy español(a). Es inglés/inglesa.**

● discuss workers' conditions	**Trabaja catorce horas al día. Gana treinta euros.**
● talk about fair trade	**Voy a comprar productos con el sello de comercio justo.**
▫ use the third person singular and plural	**Vive con su familia. Trabajan para una cooperativa.**
S express my point of view	**Lo bueno es que… Lo malo es que…**

● say how we should help the environment	**Se debería ahorrar energía.**
● say what 'green' things we have done	**Hicimos un jardín.**
● say what 'green' things we do now	**Vamos al insti en bicicleta.**
▫ use **se debería / no se debería** with an infinitive	**Se debería reciclar. No se debería usar bolsas de plástico.**
S use complex sentences with **para** + infinitive	**Para ser un insti verde, conservamos el agua.**

● say what a town used to be like	**Antes había mucha violencia.**
● say what it is like now	**Ahora no tiene barrios peligrosos.**
● say what is going to happen	**Van a construir un parque.**
▫ use the imperfect tense	**Estaba sucia. Había mucha contaminación.**
S use the correct tense when translating into English	

- S write about raising money for charity
- S choose the correct Spanish word in a dictionary by:
  - working out whether I need a noun, verb or adjective
  - deciding which translation is correct if a word has multiple meanings
  - cross-checking in the Spanish-to-English section
  - using the correct form of verbs

- S read complex texts about world issues
- S use the **'four Cs'** to understand the detail of a text and work out the meaning of new words

1 **In pairs. Play vocabulary tennis. Take turns to say nationalities in Spanish. Pausing or repeating one gives away a point!**

2 **Write four complete sentences, using this structure:** ***Tengo derecho […], pero no puedo […].***

a la educación | a un medio ambiente sano | al juego | a la libertad de expresión

respirar | dar mi opinión | ir al insti | jugar con mis amigos

3 **Write the 'she/he/it' and 'they' forms of these verbs in the present tense:**

1 reciclar **2** proteger **3** salir **4** ayudar **5** leer **6** escribir

4 **In pairs. Take it in turns to suggest what you should/should not do to protect the environment.**

Se debería / No se debería…

usar | tirar | ahorrar | malgastar | reciclar | ir | proteger

energía en casa | bolsas de plástico | todo lo posible | el medio ambiente | basura al suelo | el agua | en bici

5 **Complete these sentences, contrasting now and before.**

1 Ahora no hay contaminación, pero antes…
2 Ahora hay muchas cosas para los jóvenes, pero antes…
3 Ahora mi ciudad no tiene barrios peligrosos, pero antes…
4 Ahora hay una red de transporte muy buena, pero antes…
5 Ahora mi ciudad está limpia, pero antes…

6 **Translate the message into English. Pay attention to the tense of each verb.**

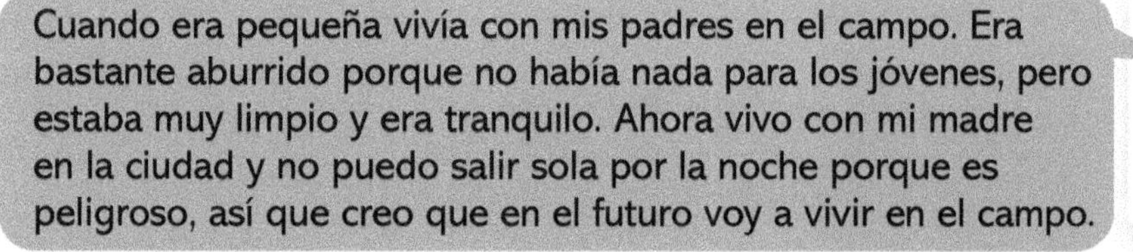

Cuando era pequeña vivía con mis padres en el campo. Era bastante aburrido porque no había nada para los jóvenes, pero estaba muy limpio y era tranquilo. Ahora vivo con mi madre en la ciudad y no puedo salir sola por la noche porque es peligroso, así que creo que en el futuro voy a vivir en el campo.

7 **In pairs. Translate the questions into Spanish. Then ask and answer them.**

1 Where do you live?
2 What was your town like before?
3 What is it like now?
4 Do you like your town? Why?/Why not?

8 **Write your own text using Paola's text as a model.**

1 ESCUCHAR **Escucha a Rubén y a Nuria, que hablan de sus derechos. Escribe P (positivo), N (negativo) o P+N (positivo y negativo). (1–2)**

1 Rubén
a salir **b** el futuro

2 Nuria
a la libertad de expresión **b** la ciudad

Remember T**RAP**S.
In exercise 1:
- **R**eflect, don't **R**ush!: Before you listen, anticipate words you may hear.
- **P**ositive or negative?: Listen out for clues to a change of opinion (e.g. **pero**, **sin embargo**).

In exercise 2:
- **A**lternative words: In this sort of task you rarely hear the exact words in the options a–e, but listen for several clues using different words.

2 ESCUCHAR **Escucha. Tres jóvenes hablan de los problemas en su ciudad. Escribe una letra para cada persona. (1–3)**

a	tráfico	**d**	crimen
b	contaminación	**e**	ruido
c	basura		

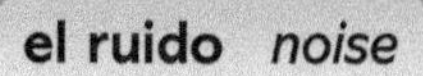

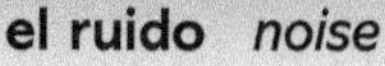

el ruido *noise*

3 ESCUCHAR **Mira el juego de rol y prepara tus respuestas. Luego, con tu compañero/a, escucha y haz el juego de rol dos veces. (1–2)**

Do one complete role play each. Listen to your partner and give feedback on his or her performance.

Estás hablando con tu amigo/a español(a) sobre tu ciudad.
- Tu ciudad – descripción (**dos** detalles)
- Tu opinión de tu ciudad (**una** opinión y **una razón**)
- **!**
- Vivir – en el futuro (**un** detalle)
- **?** – Reciclar

Keep your answer short, and leave opinion language for the second bullet.

Make sure you include **una razón** ('a reason').

You cannot always predict this question, so listen carefully and take your time before responding.

Use the near future ('I'm going to') or conditional ('I would like to…').

There are several possibilities here. Do you recycle? What do you recycle? How often…? Can you…?

4 HABLAR **Descripción de una foto. Mira la foto y prepara tus respuestas a las preguntas. Luego haz diálogos con tu compañero/a.**

- ¿Qué hay en la foto?
- ¿Y tú? ¿Reciclas en el instituto?
- ¿Qué se debería hacer para proteger el medio ambiente?

Say what you see:
- **who** is in the photo, their **clothes** and **appearance**
- **what** they are doing
- **what** the weather is like.

Draw conclusions. Say **what** you think and **why**:
- Hace sol **y por eso** creo que es verano.
- Todos llevan una camiseta verde **y por eso** creo que están en el colegio.

5 Lee el texto y las preguntas. Elige la respuesta correcta.

LEER

Pasa una moto.
¡Qué humo!
Pasa un autobús.
¡Más humo!
(Me consumo.)
Pasa una moto.
¡Qué ruido!
Pasa un camión.
¡Más ruido!
(¡Pobre oído!)
No hay pulmones
ni tímpanos
que lo aguanten.
(La ciudad no es
como antes.)

¡Vámonos al campo!
En el campo hubo silencio.
Hoy, fábricas de cemento
y humo en el firmamento;
el río contaminado
y los árboles pelados.
Por eso,
hay que cuidar el progreso.
¡Que no sea retroceso!

Humo y ruido
Poema de Gloria Fuertes

1 The first half of the poem takes place in **a** the countryside **b** the city **c** a busy station.
2 The poem mentions the following modes of transport: **a** car, bus and lorry **b** plane, bus and lorry **c** motorbike, bus and lorry.
3 According to the poet, life has changed in **a** the city **b** the city and the countryside **c** the countryside.
4 The poet suggests **a** taking more care **b** planting more trees **c** cleaning up the streets.

el humo	*smoke*
el tímpano	*eardrum*
hubo	*there was*

SKILLS

Working with challenging texts
Don't worry if you don't understand every word. Remember the **four Cs**:
Clues – Use the English questions, picture and title for a sense of the poem's theme. Then weigh the options for each question, looking for evidence in the text.
Cognates – When you spot a (near-)cognate, look at the words before and after it. 'Pasa' occurs four times with different nouns. What type of word is it? What could it mean?
Context – Poems often express emotion. Apart from the words themselves, how does the poet convey her feelings about the 'humo y ruido'?
Common sense – Don't rely too much on your own experience. Make sure that your conclusions are supported by key words in the text, too, e.g. 'antes', 'hubo', 'hoy', 'hay que'.

6 Escribe un correo a tu amigo/a español(a). Menciona:

ESCRIBIR

- un problema de tu ciudad
- un proyecto medioambiental reciente
- tu opinión de tu ciudad ahora
- qué vas a hacer este fin de semana en tu ciudad.

This could be a problem now or in the past. You decide, but take care to form the verbs correctly.

If a word seems unfamiliar, look for similarities to words you know. You know **el medio ambiente** so what could **medioambiental** mean?

Always develop your opinions with reasons.

Which tense(s) do you need to use here?

Try to include:
- different persons of verbs ('he/she/it', 'we', 'they')
- a variety of links (**además, sin embargo, por eso**)
- a range of two-verb structures (**poder** + infinitive, **(no) se debería** + infinitive).

Poder

Poder (to be able to / can) is a stem-changing verb that is usually followed by the infinitive.

p**ue**do	I can	podemos	we can
p**ue**des	you can	podéis	you (pl) can
p**ue**de	he/she can	p**ue**den	they can

No p**ue**do estudiar. I can't study. P**ue**de jugar. He/She can play.

1 Fill in the gaps with the form of poder shown in brackets. Then translate the sentences into English.

Example: **1** No puede salir sola. She can't go out alone.

1 No ___ salir sola. (she)
2 ___ ir al insti. (we)
3 ___ respirar. (they)
4 No ___ dar mi opinión. (I)
5 ¿___ dormir? (you singular)
6 ___ vivir en armonía. (you plural)

Using the third person forms (he/she/it/they)

In the present tense, these are the verb endings you use to talk about other people.

	infinitive	**third person singular (he/she/it)**	**third person plural (they)**
regular **-ar** verbs	trabaj**ar**	trabaj**a**	trabaj**an**
regular **-er** verbs	com**er**	com**e**	com**en**
regular **-ir** verbs	viv**ir**	viv**e**	viv**en**
irregular verbs	hacer	hace	hacen
	ir	va	van
	ser	es	son
	tener	tiene	tienen

2 Complete the sentences with the correct part of the verb in brackets in the present tense.

Example: **1** tienen

José y Marina **1** (tener) once años y **2** (vivir) en una plantación. No **3** (ir) al insti. **4** (trabajar) trece horas al día, seis días a la semana. **5** (ganar) treinta y cinco euros al mes. Su patrón **6** (tener) cuarenta y ocho años. **7** (trabajar) siete horas al día, cinco días a la semana. **8** (ganar) más que José y Marina, y **9** (recibir) beneficios del 70%.

3 Write out the sentences, changing the present tense verbs in the first person forms ('I' or 'we') into the third person forms ('he/she/it' or 'they'), as shown in brackets.

Example: **1** Come pollo y…

1 Como pollo y bebo agua frecuentemente. (he)
2 Vendemos productos con el sello de comercio justo. (they)
3 Soy boliviana y tengo doce años. (she)
4 Vamos a la piscina, donde hacemos natación. (they)
5 Vivo en Londres, pero hablo español en casa. (he)
6 Escribimos canciones y tocamos la guitarra. (they)

Se debería

Se debería means 'you/we should'. It is the conditional form of **se debe**. It is followed by the infinitive.

Se debería apagar la luz.	You/We should turn off the light.
No se debería usar bolsas de plástico.	You/We shouldn't use plastic bags.

4 How should we help the environment? Create six sentences, using a phrase from each box.

Example: Se debería reciclar el papel.

Se debería No se debería	tirar usar ahorrar malgastar reciclar desenchufar	los aparatos eléctricos. energía en casa. el papel. el agua. la basura al suelo. transporte público.

The imperfect tense

The imperfect tense is used to describe what something used to be like. It is formed by removing the infinitive endings (**-ar**, **-er**, **-ir**) and then adding these endings:

trabajar	comer	vivir
trabaj**aba**	com**ía**	viv**ía**
trabaj**abas**	com**ías**	viv**ías**
trabaj**aba**	com**ía**	viv**ía**
trabaj**ábamos**	com**íamos**	viv**íamos**
trabaj**abais**	com**íais**	viv**íais**
trabaj**aban**	com**ían**	viv**ían**

The following irregular verbs work like this in the imperfect:

es (it is) → **era** (it used to be)
está (it is) → **estaba** (it used to be)
hay (there is) → **había** (there used to be)
tiene (it has) → **tenía** (it used to have)
voy (I go) → **iba** (I used to go)

5 Look at this old picture of a town. Use the imperfect tense to describe what it used to be like.

Example: Antes había mucha basura…

6 Put the verbs in brackets into the 'I' form of the imperfect tense. Then translate the text into English.

Example: **1** era

Cuando **1** (ser) pequeño, **2** (vivir) con mi abuela. Todos los días **3** (ir) al insti a pie. **4** (jugar) a la pelota con mis amigos en el patio y después del insti **5** (ir) al parque, donde **6** (montar) en bici.

Mis derechos   My rights

Tengo derecho...	I have the right...	**dormir**	sleep
al amor y a la familia	to love and to family	**ir al insti(tuto)**	go to school
al juego	to play	**respirar**	breathe
a la educación	to education	**porque...**	because...
a la libertad de expresión	to freedom of expression	**soy un(a) chico/a**	I am a boy/girl
a un medio ambiente sano	to a healthy environment	**tengo que ganar dinero**	I have to earn money
a vivir en armonía	to live in harmony	**hay mucha violencia en mi ciudad**	there is a lot of violence in my city
No puedo...	I cannot...	**mi padre grita mucho**	my dad shouts a lot
dar mi opinión	give my opinion	**tengo que trabajar**	I have to work
jugar con mis hermanos	play with my brothers and sisters	**el aire está contaminado**	the air is polluted
		No es justo porque...	It isn't fair because...
salir solo/a	go out alone	**Es inaceptable porque...**	It is unacceptable because...

Las nacionalidades   Nationalities

Soy...	I am...	**norteamericano/a**	North American
boliviano/a	Bolivian	**inglés/inglesa**	English
colombiano/a	Colombian	**español(a)**	Spanish
mexicano/a	Mexican	**paquistaní**	Pakistani

El comercio justo   Fair trade

Tiene (diez) años.	He/She is (ten) years old.	**(catorce) horas al día**	(fourteen) hours a day
Vive / Viven...	He/She lives / They live...	**(seis) días a la semana**	(six) days a week
con su familia	with his/her/their family	**para un patrón**	for an employer
en una plantación	on a plantation	**para una cooperativa**	for a cooperative
Trabaja / Trabajan...	He/She works / They work...	**Gana / Ganan (treinta) euros al mes.**	He/She earns / They earn (thirty) euros a month.

¡Reciclamos!   Let's recycle!

¿Qué se debería hacer para proteger el medio ambiente?	What should you/we do to protect the environment?	**ducharse en vez de bañarse**	have a shower instead of a bath
		ir en bici(cleta)	go by bike
Para proteger el medio ambiente,...	In order to protect the environment,...	**reciclar el papel / el plástico / el vidrio**	recycle paper / plastic / glass
Se debería...	You/We should...	**usar transporte público**	use public transport
ahorrar energía en casa	save energy at home	**No se debería...**	You/We shouldn't...
apagar la luz	turn off the light	**malgastar el agua**	waste water
cerrar el grifo	turn off the tap	**tirar la basura al suelo**	throw rubbish on the ground
conservar el agua	save water		
desenchufar los aparatos eléctricos	unplug electrical devices	**usar bolsas de plástico**	use plastic bags

Mi ciudad My town / city

¿Cómo era tu ciudad antes?	What was your town / city like before?
Antes…	Before…
era (bastante) aburrida	it used to be (quite) boring
era (muy) peligrosa	it used to be (very) dangerous
estaba sucia	it used to be dirty
había mucha basura	there used to be a lot of rubbish
había mucha contaminación	there used to be a lot of pollution
había mucha violencia	there used to be a lot of violence
no había medios de transporte público	there didn't use to be means of public transport
no había nada para los jóvenes	there didn't use to be anything for young people
¿Cómo es ahora?	What is it like now?
Ahora…	Now…
está limpia	it is clean
hay menos basura	there is less rubbish
hay menos contaminación	there is less pollution
hay parques y espacios públicos muy bonitos	there are very nice parks and public spaces
hay una red de transporte muy buena	there is a very good transport network
hay muchas cosas para los jóvenes	there are lots of things for young people
no tiene barrios peligrosos	it doesn't have dangerous neighbourhoods

Palabras muy frecuentes High-frequency words

mi/mis	my
su/sus	his/her/their
nuestro/a/os/as	our
más… (que)	more… (than)
menos… (que)	less… (than)
para	(in order) to, for
hay	there is / there are
había	there was / were / used to be
a partir de ahora	from now on
además	in addition, furthermore

Estrategia 4

Extending your answers

Look at these two answers.

Hay mucha basura.

En mi región hay mucha basura. Mucha gente tira la basura al suelo, por ejemplo. La ciudad está muy sucia también. No me gusta nada. Se debería reciclar el papel y el vidrio.

Get into the habit of showing off what you know:

- Make a point.
- Give an example.
- Add something.
- Give an opinion.
- Say what should be done.

- Understanding a Peruvian folk tale
- Writing a story for young children

Zona Cultura

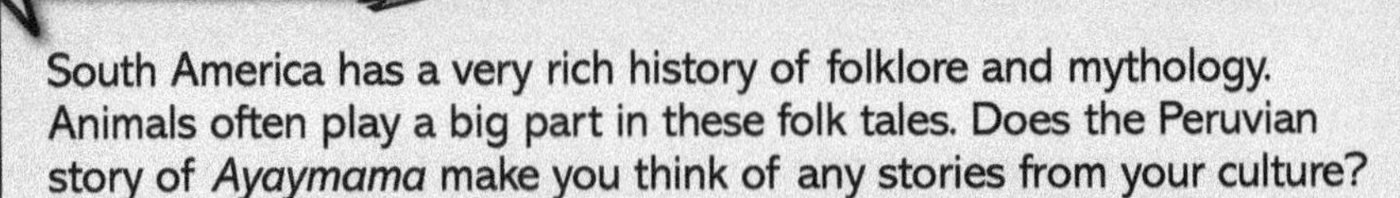

South America has a very rich history of folklore and mythology. Animals often play a big part in these folk tales. Does the Peruvian story of *Ayaymama* make you think of any stories from your culture?

1 ESCUCHAR Escucha y lee.

Ayaymama

Me llamo José. Tengo dos hijos: Diego y Alejandro. Su madre murió hace tres años y ahora vivo con Carolina, su madrastra.

Me llamo Carolina. Vivo con José. Soy la madrastra de Diego y Alejandro. Mis hijastros son muy difíciles. ¡Son unos animales! Tienen que irse.

José, tienes que abandonar a tus hijos en la selva. No puedo vivir con ellos.

¡Ay, ay, ay! No quiero hacerlo, pero tengo que escuchar a mi mujer.

Vamos, niños, vamos a jugar en la selva…

Papá, ¿dónde estás?

Los niños duermen en un árbol de la selva al lado de un pájaro. Poco a poco se transforman en pájaros. Cantan una canción especial: '¡Ayaymama!' La canción significa: '¡Ay, ay, mamá! ¿Por qué nos dejaste?' Todavía cantan…

Tienen que irse.	*They have to go.*
mi mujer	*my wife*
¿Por qué nos dejaste?	*Why did you leave us?*

2 LEER Busca el equivalente de estas expresiones en español en la historia.

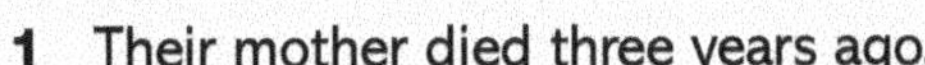

1 Their mother died three years ago.
2 My stepchildren are very difficult.
3 …you have to abandon your children in the jungle.
4 The boys sleep in a tree in the jungle.
5 Little by little they change into birds.
6 They are still singing…

3 HABLAR Trabaja en un grupo de cuatro personas. Da tu opinión sobre la historia de *Ayaymama*.

¿Qué te pareció la historia de *Ayaymama*?

- ● Me encantó…
- ■ ¡Qué triste! / ¡Qué trágica! / ¡Fantástica! / ¡Maravillosa!
- ▲ No me gustó nada…
- ◆ ¡Ay! / ¡Qué horror! / ¡Qué tontería!

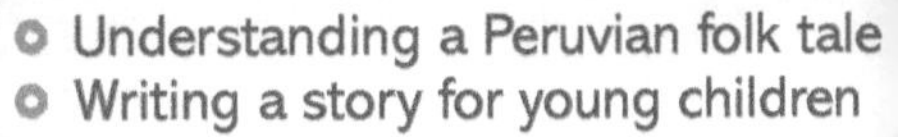

Empareja las frases con los dibujos.

Cenicienta

a De repente, aparece su hada madrina y le dice:
'Cenicienta, ya puedes ir al baile, pero tienes que volver a casa a medianoche.'
'¿Estás loca? No puedo ir. ¡Mira mi vestido!', responde Cenicienta.
El hada madrina saca su varita mágica y la transforma en una princesa.

b El príncipe se casa con Cenicienta y viven muy felices.

c El sábado a las siete, las hermanastras feas se van al baile con la madrastra. Cenicienta, sola en casa, llora.

d Para encontrar a la princesa, el príncipe tiene una idea: 'Mi princesa tiene que calzar este zapato.'

e 'Me llamo Cenicienta. Vivo con mi madrastra y mis hermanastras en una gran ciudad. Hago los trabajos más duros de la casa. Tengo que limpiar la casa, por ejemplo, y preparar la comida.'

f 'Este fin de semana hay un baile en el palacio. No puedo ir porque tengo que trabajar.'

g En el palacio, el príncipe baila con Cenicienta toda la noche. A las doce, Cenicienta exclama: 'Tengo que irme.' Sale corriendo, pero pierde un zapato.

Trabaja en un grupo de cuatro personas. Vas a escribir una historieta para niños.

Work in a group of four people. You are going to write a short story for children.

- **Discuss** which stories you might be able to adapt.
- **Choose** a story you can tell in very simple language.
- **Look for** words or phrases in the Ayaymama and Cenicienta stories that you could use.
- **Brainstorm** other words and phrases you could use in your short story.
- **Present** your story as a cartoon strip. Decide how many frames you will need.

En tu grupo, escribe la historieta.

- Keep your story as simple as possible.
- Begin the story from the main character's point of view: 'My name is… I live in / with… I have…'.
- Write mainly in the present tense, but use other tenses if you need to.
- Try to stick to language that you know, but use a dictionary to look up any new words.
- Write a first draft and check it for accuracy as a group. Then ask your teacher to do a final check.

Una aventura en Madrid

1 Este anuncio se refiere a…

- **a** hoteles en Madrid.
- **b** restaurantes en Madrid.
- **c** visitas en Madrid.
- **d** teatros en Madrid.

2 En esta parte de Madrid se puede…

- **a** coger el autobús.
- **b** comprar fruta.
- **c** tomar el metro.
- **d** comer algo.

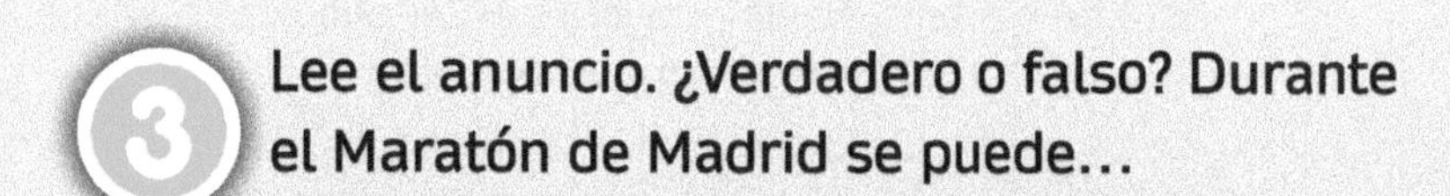

3 Lee el anuncio. ¿Verdadero o falso? Durante el Maratón de Madrid se puede…

1 escuchar música. **2** correr. **3** ganar una medalla.

La Puerta del Sol square in Madrid is considered by many to be the symbolic centre of both the city and the country. It is the 'kilómetro 0' for all roads in Spain!

Busca en el plano de Madrid…

1 el estadio Santiago Bernabéu.
2 la Gran Vía.
3 el Museo del Prado.
4 el parque del Retiro.

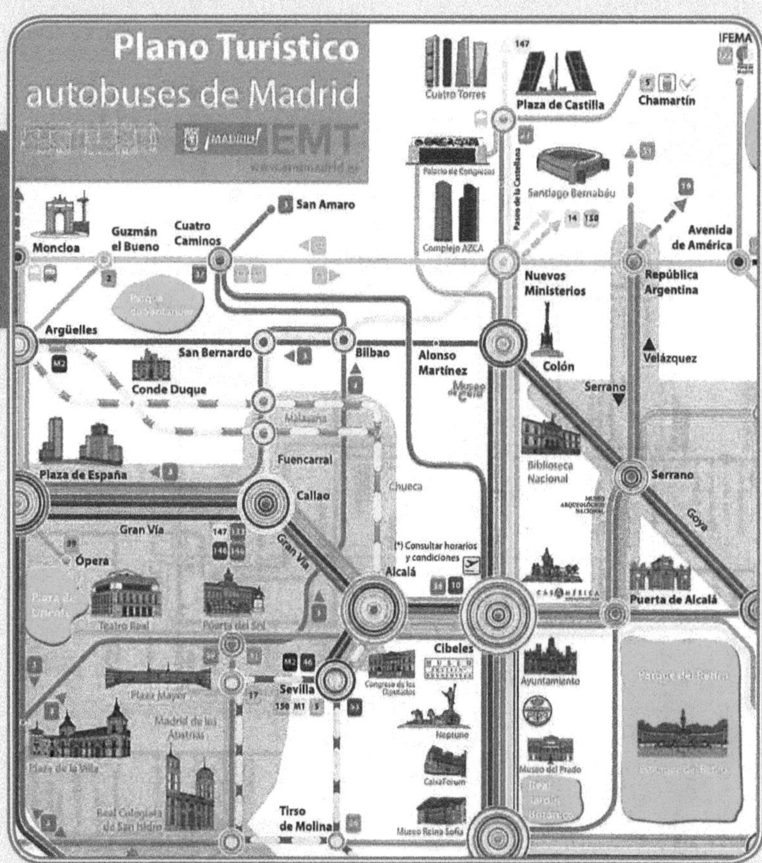

¿Cómo se llama este monumento madrileño?

a La Estatua del Perro
b La Estatua de la Libertad
c La Estatua de la Ciudad
d La Estatua del Oso y el Madroño

The Statue of the Bear and the Stawberry Tree is a popular meeting point in the Puerta del Sol. These two features have formed part of Madrid's coat of arms for over 800 years.

¿Qué información no aparece en este folleto sobre el zoo de Madrid?

ZOO AQUARIUM DE MADRID

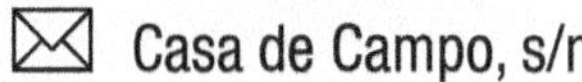

Casa de Campo, s/n

902 34 50 14

CASA DE CAMPO

€ Precio adultos: 22,90 €
niños (3–7): 18,55 €

Lun–vier: 10:30–20:00 h
Sáb–dom: 10:30–20:30 h

a el numero de teléfono
b el precio
c los horarios
d el nombre del restaurante

¡Mucho gusto!

- Meeting and greeting people
- Using expressions with **tener**

Aisha visita a la familia de Serena. Empareja las frases con las fotos.

Ejemplo: **1** d

encantado/a / **mucho gusto**	*pleased to meet you*
un ratito	*(for) a little while*

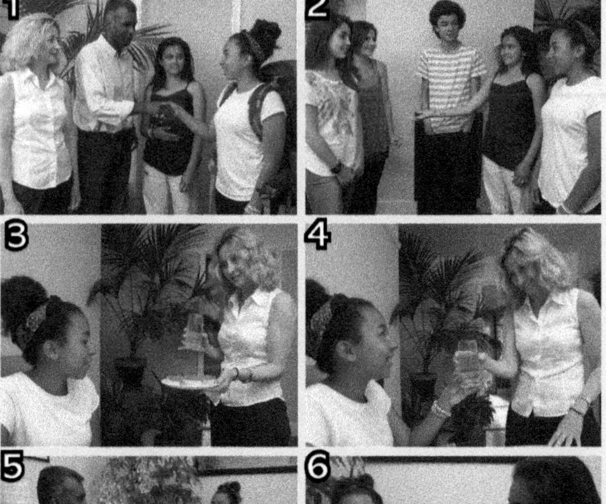

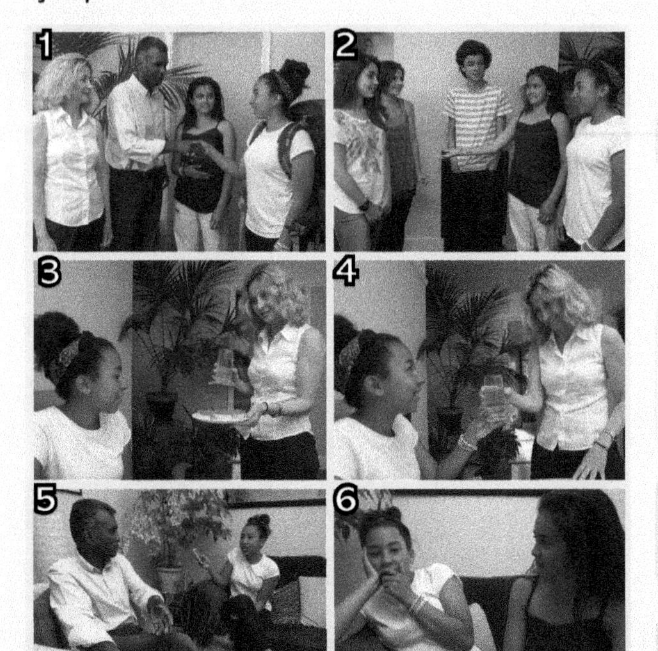

a Serena: Este es mi hermano, Hugo, y estas son mis hermanas, Irene y Paula.

b Paloma: ¿Tienes hambre, Aisha? ¿O quizás tienes sed? ¿Quieres comer o beber algo?

c Carlos: ¿Quieres ver la tele un ratito?
Aisha: De acuerdo…, pero antes quiero mandar un SMS a mis padres.

d Serena: Estos son mis padres. Te presento a mi padre, Carlos, y a mi madre, Paloma.
Aisha: Mucho gusto.
Carlos: Encantado. ¿Qué tal fue el viaje?
Aisha: Bastante largo, pero interesante.

Un poco más tarde…

e Serena: ¿Tienes sueño?
Aisha: Sí, tengo sueño. ¿Puedo ducharme y luego acostarme?

f Aisha: No tengo hambre, pero tengo sed. ¿Puedo beber algo?
Paloma: Por supuesto, por supuesto.

Tengo… ¿Tienes…?	hambre sed sueño

Quiero… ¿Puedo…?	acostarme ducharme mandar un SMS

¿Quieres…?	beber / comer algo acostarte ducharte

Escucha y comprueba tus respuestas. (1–6)

Con tu compañero/a, haz el diálogo.

- ● Este es… ■ encantado/a
  Víctor, Elena, Lola, Inés
- ● ¿viaje? ■ ☺
- ● ¿[glass]? ■ [glass] ✗ [plate] ✓
- ● ¿[TV]? ■ [TV] ✓
- ● ¿[bed]? ■ [bed] ✓ [phone]

Gramática

The verb **tener** means 'to have'. However, it is translated as 'to be' in the following expressions:

tener hambre	to be hungry
tener sed	to be thirsty
tener sueño	to be sleepy

If you need to remind yourself how **tener** works, see pages 136–138.

Introducing people:

singular		plural	
masculine	feminine	masculine	feminine
Este **es…**	Esta **es…**	Estos **son…**	Estas **son…**

Max visita a la familia de Sergio. Escucha y elige la respuesta correcta.

1 La madre de Sergio se llama María / Marisol / Mónica.
2 Alejandro es el abuelo / hermano / padre de Sergio.
3 Max tiene sed / hambre / sueño.
4 La madre le ofrece a Max calamares / tortilla / un bocadillo.
5 Max quiere ducharse / ver la tele / acostarse.

Lee el texto. ¿Verdadero o falso? Escribe V o F. Luego corrige los errores en inglés.

martes 24 marzo

Esta noche va a llegar mi invitada inglesa, Amy. Es una chica muy simpática. Me llevo muy bien con ella. Nos conocimos el año pasado en Benidorm. Amy va a pasar una semana con nosotros. Quiere mejorar su español, así que vamos a hablar en español todo el tiempo.

Primero le voy a presentar a mi familia y luego vamos a comer algo: tortilla de patatas o un bocadillo de calamares. Si quiere, vamos a ver la tele, pero tal vez va a tener sueño después de su viaje. Mañana vamos a visitar la ciudad.
Carolina

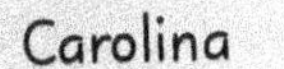

1 Amy arrived the previous day.
2 Carolina and Amy met in Benidorm.
3 Amy is going to spend one week with Carolina's family.
4 Amy doesn't speak any Spanish.
5 Carolina is going to offer Amy a snack.
6 They have already visited the city.

Zona Cultura

Un bocadillo de calamares (fried squid-ring sandwich) is an especially popular snack in Madrid.

Trabaja en un grupo de cuatro personas. Inventa un sketch cómico con un(a) invitado/a muy exigente.

Work in a group of four people. Invent a comic sketch with a very demanding guest.

Papeles:

Martín o Martina: el amigo español / la amiga española

Alex: el invitado británico / la invitada británica

Pilar: la madre

Jorge: el padre

In your group:

- introduce everyone
- ask about Alex's journey
- find out how he/she feels (hungry, tired, thirsty, etc.)
- offer food, drink, a shower, watching TV, etc.
- explain what you are going to do tomorrow.

Alfredo es un invitado que no es nada exigente. Escribe una tira cómica sobre su llegada.

Alfredo is a very undemanding guest. Write a comic strip about his arrival.

La caza del tesoro

- Talking about a treasure hunt
- Using the superlative

Escucha y lee. Pon las fotos en el orden del texto.

Sergio: Hoy vamos a hacer una caza del tesoro en Madrid.
Max: ¡Qué bien! ¿Qué vamos a hacer?
Sergio: A ver, primero hay que ir a la churrería más antigua de Madrid, donde vamos a comer churros. Luego hay que ir al parque del Retiro, donde vamos a dibujar el león más feroz del Retiro.
Max: De acuerdo…
Sergio: Después vamos a ver un cuadro de la infanta más famosa de Madrid en el Museo del Prado. Hay que comprar una postal en la tienda del museo. Más tarde hay que ir al estadio Santiago Bernabéu, donde tenemos que sacar una foto del campo más famoso de Madrid. Finalmente hay que coger el teleférico más espectacular de España. Vamos a guardar la entrada como recuerdo.
Max: ¡Lo vamos a pasar guay!

el cuadro	*picture*
la infanta	*princess*
el teleférico	*cable car*
el recuerdo	*souvenir*

a 

b 

c 

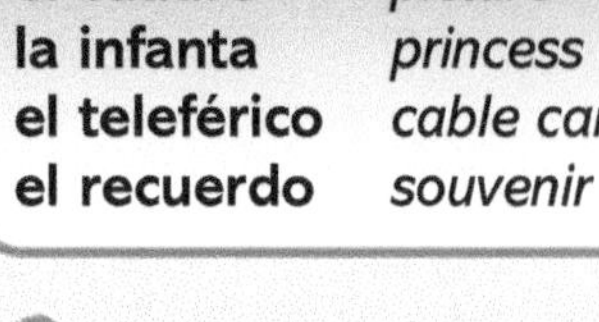

d 

e 

f 

Hay que + infinitive
You/We have to…
Tenemos que + infinitive
We have to…
Vamos a + infinitive
We are going to…

Gramática

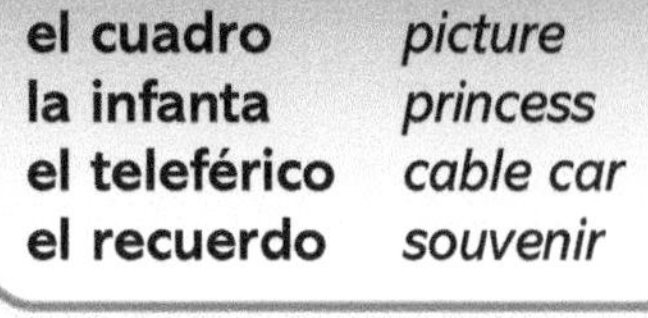

Remember, you use the superlative to say 'the (old)-est', 'the most (famous)', etc.

singular		plural	
masculine	**feminine**	**masculine**	**feminine**
el **cuadro más famoso**	la **tienda más famosa**	los **cuadros más famosos**	las **tiendas más famosas**

>> p120

Busca las frases en español en el texto del ejercicio 1.

1 the most famous pitch in Madrid
2 the most spectacular cable car in Spain
3 the most famous princess in Madrid
4 the most ferocious lion in Retiro Park
5 the oldest churros shop in Madrid

3 HABLAR **Con tu compañero/a, haz un diálogo.**

- ¿Qué vamos a hacer durante la caza del tesoro?
- Primero hay que ir al…, donde vamos a ver / dibujar / sacar una foto de…
- De acuerdo. Luego…

■ primero	museo →		antiguo
● luego	parque →		grande
■ después	estadio →	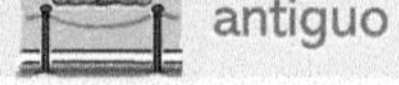	espectacular
● finalmente			famoso

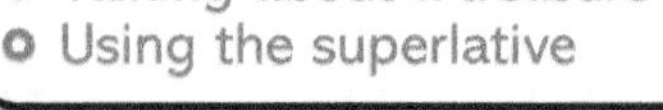

Escucha. Copia y completa la tabla en inglés.

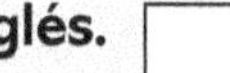

	place	activity
first	San Miguel market	
then		
afterwards		

Lee el texto. Contesta a las preguntas en inglés.

La gran caza del tesoro: ¿Qué animales puedes encontrar en Madrid?

Hay que buscar...

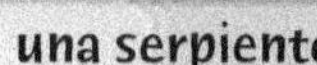

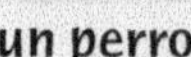

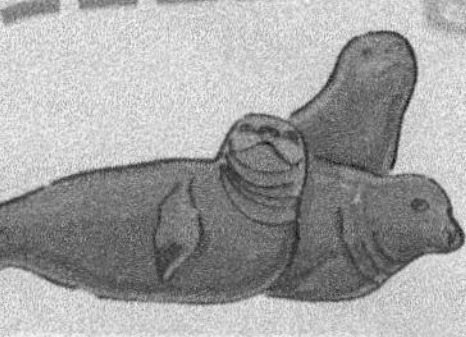

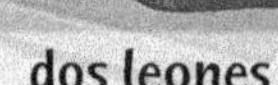

dos caballos marinos

una serpiente

un perro

focas

dos leones

delfines

El fin de semana pasado, mi amigo Pablo y yo decidimos hacer esta caza del tesoro en Madrid y lo pasamos fenomenal. Primero fuimos al Retiro, donde vimos dos leones que forman parte del monumento a Alfonso XII en el parque. Me encantó.

Luego fuimos a pie al Museo del Prado, donde vimos un perro en el cuadro más famoso de Velázquez, *Las Meninas*. Al lado del Prado está la fuente de Neptuno, y allí vimos delfines, focas, dos caballos marinos y una serpiente. Dibujé la fuente porque me encanta dibujar.

Después cogimos el metro y fuimos de paseo por la Gran Vía, pero no compramos nada. El fin de semana que viene vamos a hacer otra caza del tesoro. ¡Me chiflan! **Diego**

1. Where exactly are the lions in Retiro Park?
2. Which animal appears in a famous painting by Velázquez?
3. How many different types of animals are there on Neptune's Fountain?
4. What does Diego like doing?
5. How did they travel to Gran Vía?
6. When are they going to do another treasure hunt?

Traduce el texto al español.

Ask yourself 'Is it a regular **-ar**, **-er**, **-ir** verb or an irregular verb?'

Use the superlative. Remember to make adjectives agree.

Use the word **de** here.

Yesterday I did a treasure hunt. I went to the oldest market in Madrid, where I bought fruit. Then I drew *Las Meninas*, the most famous painting in the Prado Museum. I love drawing. Afterwards I took the bus to Gran Vía, the most important street in Madrid.

Tomorrow I am going to take the cable car and I am going to take a photo of the city.

You need different verbs for 'to take' in each case.

En la tienda de recuerdos

- Discussing buying souvenirs
- Using the comparative

Escucha. Copia y completa la tabla en inglés. (1–4)

	wants to buy something for…	is going to buy either… or…
1	his dad	d, …

¿Qué vas a comprar?

a un imán

b un llavero

c un collar

d turrón

e una camiseta

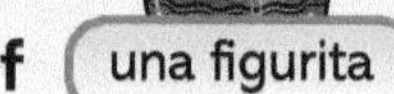

f una figurita

g una taza

h unos pendientes

i unas castañuelas

Con tu compañero/a, por turnos tira el dado <u>tres</u> veces. Haz <u>seis</u> frases.

- ¿Qué vas a comprar?
- Quiero comprar algo para mi…
  Creo que voy a comprar… o tal vez…

	primera tirada	segunda tirada	tercera tirada
1	madre		
2	padre		
3	madrastra		 POSTAL
4	padrastro		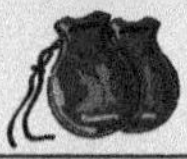
5	hermano		
6	hermana pequeña		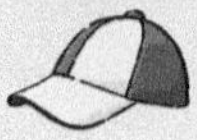

Rompecabezas. ¿Qué va a comprar Alicia?

Quiero comprar algo para mi hermano. Me gusta bastante el llavero, pero el imán es menos caro y también es bonito. La taza es preciosa, pero es más cara que el llavero. Quiero comprar la cosa más barata. Por eso, creo que voy a comprar…

Escucha y comprueba tu respuesta.

Gramática

Do you remember how to use the comparative?

más + adjective + **que** = more… than

menos + adjective + **que** = less… than

The adjective must agree in gender and number with the noun it describes.

El llavero <u>es</u> más bonito que la taza.	The key ring is nicer than the cup.
La taza <u>es</u> menos cara que la camiseta.	The cup is less expensive than the T-shirt.
Los pendientes <u>son</u> más baratos que el collar.	The earrings are cheaper than the necklace.

>> p120

Escucha la canción. Completa las frases con las palabras del recuadro.

¡Buenos días, señorita! ¿Cómo está usted?
¿En qué puedo ayudarle? ¿Qué busca usted?
Quiero algo para mi hermano. ¿Un llavero o un imán?
¿Una camiseta muy **1** ___? ¿O tal vez el turrón?
El turrón es más **2** ___, pero el llavero es más **3** ___.
El imán, a ver... el imán, ¿cuánto es, señor?
Son cuatro euros.
Muy bien. Me lo llevo.

Y ahora para mi madre. ¿Qué voy a comprar? ¿Qué voy a comprar?
¿Qué sé yo? ¿Yo qué sé? ¿Qué voy a comprar?
¿Una figurita **4** ___? ¿Unos pendientes? ¿Un collar?
¿Unas castañuelas muy **5** ___? ¿Una taza para beber?
La figurita me gusta bastante.
Pero la taza es más **6** ___.
Los pendientes **7** ___ son más **8** ___ que el collar.
¿Qué sé yo? ¿Yo qué sé? ¿Qué voy a comprar?
¿Qué sé yo? ¿Yo qué sé? ¿Qué voy a comprar?
¿Qué va a comprar?

Remember, there are four words for 'you' in Spanish: **tú, vosotros/as, usted** and **ustedes. Usted** and **ustedes** are the polite forms. **Usted** is used with the third person singular of the verb and **ustedes** with the third person plural.

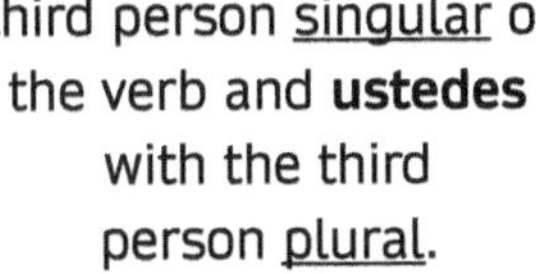

Con tu compañero/a, inventa tres diálogos en una tienda de recuerdos.

- ¡Buenos días! ¿En qué puedo ayudarle? / ¿Qué busca usted?
- Quiero algo para…
- ¿Una camiseta o tal vez…?
- El/La/Los/Las… es / son más… que el/la/los/las…, pero me gusta(n) el/la/los/las… El/La/Los/Las… ¿cuánto es?
- Son… euros.
- Muy bien. Me lo/la/los/las llevo.

Traduce el texto al inglés.

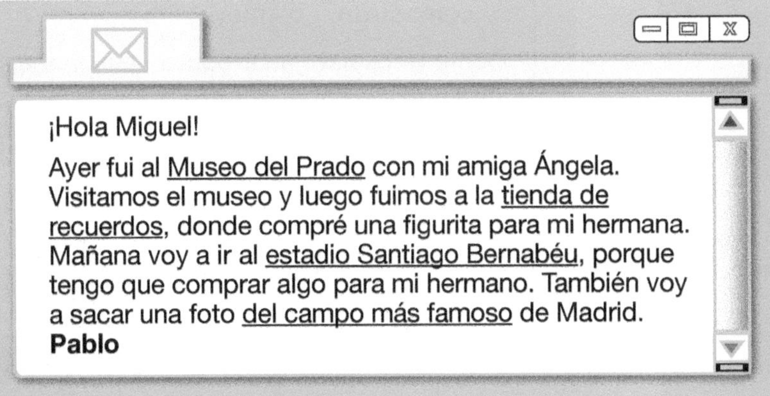
¡Hola Miguel!

Ayer fui al Museo del Prado con mi amiga Ángela. Visitamos el museo y luego fuimos a la tienda de recuerdos, donde compré una figurita para mi hermana. Mañana voy a ir al estadio Santiago Bernabéu, porque tengo que comprar algo para mi hermano. También voy a sacar una foto del campo más famoso de Madrid.

Pablo

SKILLS

Using correct word order

When translating into English you often have to change the word order.

e.g. **Museo del Prado** does not translate as the 'Museum of the Prado'.

Think about word order when translating the underlined words in this task.

Escribe un correo a un(a) amigo/a. Utiliza el texto del ejercicio 7 como modelo.

Write:

- that you went to Retiro Park yesterday, where you took photos
- that you then took the underground and went for a walk on Gran Vía, where you bought… for…
- that you are going to… tomorrow.

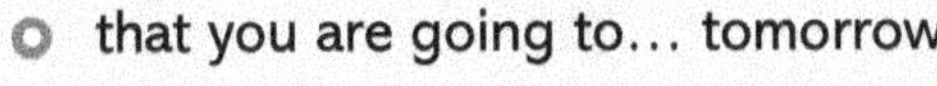

¿Qué visitarás mañana?

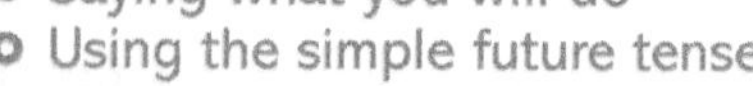

- Saying what you will do
- Using the simple future tense

1 Escucha y lee el texto. Pon las fotos en el orden correcto.

¿Qué **visitarás** mañana?

Primero **iré** al parque del Retiro, donde **tomaré** el sol.

Tal vez **cogeré** el teleférico.

Luego **daré** una vuelta por el Rastro, el mercado más famoso de Madrid, o **visitaré** el Museo del Prado, donde **sacaré** fotos.

Por la tarde **haré** muchas cosas. Primero **iré** al parque de atracciones y después **compraré** recuerdos para mi familia. Más tarde **iré** a un restaurante, donde **comeré** pescado.

dar una vuelta *to go for a walk*

a 

b 

c 

d 

e 

f 

2 Busca los verbos en español en el texto del ejercicio 1.

1 I will go
2 I will visit
3 I will eat
4 I will do
5 I will buy
6 I will take (photos)
7 I will sunbathe
8 I will take (the cable car)

3 Con tu compañero/a, haz los diálogos A y B.

A

- ¿Qué visitarás mañana?
- Primero iré al restaurante, donde comeré…

	A		B	
Primero	restaurante → 		Retiro → 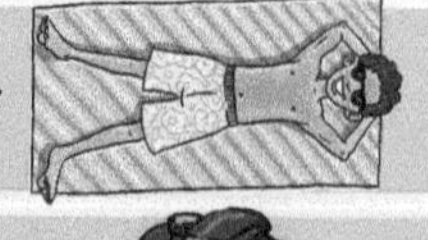	
Luego	Gran Vía → 		Rastro → 	
Por la tarde			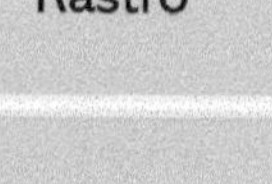 	
Más tarde			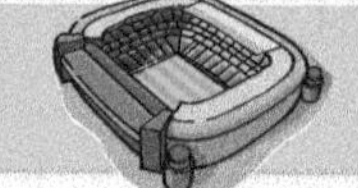 → 	

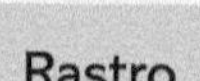
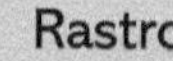
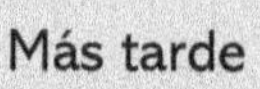

Gramática

You already know the **near future** tense (I am going to…). There is another future tense: the **simple future** (I will…). To form this, take the infinitive of the verb and add these endings:

comprar	to buy
compraré	I will buy
comprarás	you will buy
comprará	he/she will buy
compraremos	we will buy
compraréis	you (pl) will buy
comprarán	they will buy

Some verbs have an irregular stem in the simple future tense: hacer → **haré**

>> p121

Empareja las mitades de las frases. Luego traduce las frases al inglés.

Ejemplo: **1** c If it is sunny…

1	Si hace sol, iré a…	**a**	veré cuadros.
2	Si hace viento, no…	**b**	cogeré el teleférico.
3	Si hace mal tiempo, no daré…	**c**	la piscina del Hotel Emperador, donde tomaré el sol.
4	Si hace buen tiempo, visitaré el…	**d**	una vuelta por el parque del Retiro.
5	Si hace frío, iré al Museo del Jamón, donde…	**e**	comeré un bocadillo de jamón.
6	Si llueve, iré al Museo del Prado, donde…	**f**	Rastro, donde compraré recuerdos.

Escucha. Copia y completa la tabla en inglés. (1–5)

	weather	activity tomorrow	reason / detail
1	bad weather	visit Santiago Bernabéu Stadium	

Con tu compañero/a, haz los diálogos.

Ejemplo:

● Si hace mal tiempo, ¿qué visitarás mañana?

■ Si hace mal tiempo, iré al Museo del Prado, donde…

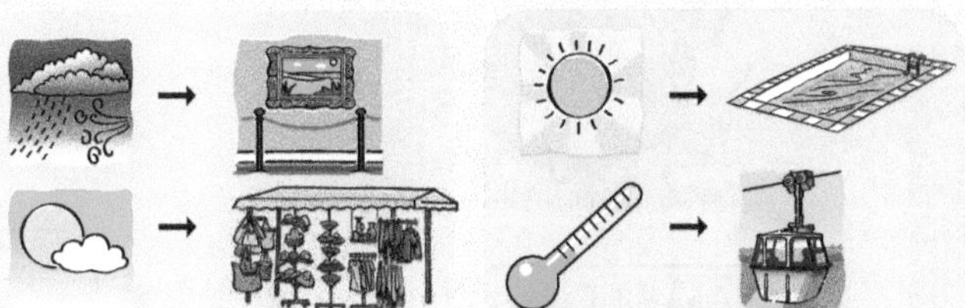

Lee el texto. Contesta a las preguntas en inglés.

Ayer en Madrid lo pasé fenomenal. El primer domingo que vas a pasar en la ciudad tienes que ir al Rastro. Yo fui por la tarde. Es uno de los mercados más antiguos de Madrid, pero también uno de los más modernos. Hay que ir. ¡Te entrarán ganas de comprar de todo! Compré unos recuerdos: un abanico para mi hermana pequeña y una gorra muy chula para mi padre. Luego tomamos tapas en un bar muy agradable.

Mañana, si hace buen tiempo, iremos al parque del Retiro, donde veremos plantas, flores y animales en los jardines botánicos y también daremos un paseo en barca por el estanque. ¡Qué aventura! Pero si hace mal tiempo, visitaré la Catedral de la Almudena, donde veremos las grandes columnas y vidrieras coloridas. Me encanta hacer turismo y ver monumentos.

Alejandra

el abanico	*fan*
el estanque	*pond*
las vidrieras coloridas	*stained glass windows*

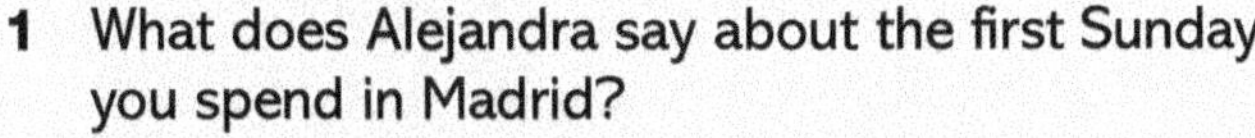

1. What does Alejandra say about the first Sunday you spend in Madrid?
2. What two things does Alejandra say to describe the Rastro?
3. According to Alejandra, if you go to the Rastro, what will you want to do?
4. Name the two things Alejandra bought and who she bought them for.
5. What will she do tomorrow if the weather is good? (Mention **two** details.)
6. What will she do if the weather is bad?

Solamente tienes 24 horas para conocer Madrid. ¿Qué visitarás por la mañana, por la tarde y por la noche? Escribe un texto.

You only have 24 hours to get to know Madrid. What will you visit in the morning, in the afternoon and in the evening? Write a text.

- Adapt phrases you have already learned. Look up new words in a dictionary.
- Link your sentences and paragraphs with connectives and time expressions.
- Include opinions and exclamations.
- Check what you have written for accuracy and redraft if necessary.

Lo siento, no entiendo

- Making yourself understood
- Saying the right thing in different situations

SPEAKING SKILLS

SKILLS

'Survival' strategies

You need to have a range of strategies to help you communicate in Spanish. Make sure you know the Spanish for 'I don't understand' and 'What does this mean?' and have techniques for coping when you don't know the right word. It is also important to know what to say in different social situations (for example, at mealtimes or when someone is ill).

Escucha y lee. ¿Qué significan las frases en verde? Utiliza el minidiccionario si es necesario. (1–6)

1

2

3

4

5

6

Juego de memoria. Con tu compañero/a, lee por turnos una frase en negro del ejercicio 1. Sin mirar, ¿qué vas a contestar?

Memory game. With your partner, take it in turns to read a sentence in black from exercise 1. Without looking, what are you going to reply?

Empareja las frases en inglés con el equivalente en español.

1 I'm sorry, I don't understand the word '…'.
2 What does the word '…' mean?
3 How do you say '…' in Spanish?
4 Can you repeat?
5 Can you speak more slowly, please?

a ¿Cómo se dice '…' en español?
b Lo siento, no entiendo la palabra '…'.
c ¿Puedes hablar más despacio, por favor?
d ¿Puedes repetir?
e ¿Qué significa la palabra '…'?

Con tu compañero/a, lee por turnos las frases en español del ejercicio 3 en voz alta.

Escucha y comprueba tu pronunciación y entonación. (1–5)

Pronunciación

Use your knowledge of phonics to work out pronunciation. Make sure you are using the correct intonation to make questions sound like questions.

>> p139

Estás en casa de Serena. Escucha la conversación. ¿Qué vas a decir en las pausas?

You are in Serena's home. Listen to the conversation. What are you going to say in the pausas?

Non-verbal communication

You can also use non-verbal ways of getting your meaning across. You can:

- **Mime**
- **Point**
- **Draw**
- **Use facial expressions and act**

Con tu compañero/a, imagina que eres la persona del dibujo. ¿Qué vas a hacer? ¿Qué vas a decir? Por turnos, lee las frases y responde.

Ejemplo: **1** ■ Quiero esto.

1

● Buenos días. ¿En qué puedo ayudarle?

■

● Muy bien.

2

■ ¿Necesitas algo?

●

■ Vale, ahora entiendo.

3

● ¿Qué te pasa?

■

● Está bien, te voy a ayudar.

4

■ ¿Qué te pasa?

●

■ Ah sí, ahora entiendo.

Estás en una tienda de recuerdos. Con tu compañero/a, utiliza las estrategias de esta unidad para reaccionar a cada situación.

You are in a souvenir shop. With your partner, use the strategies from this unit to react to each situation.

Ejemplo: **1**

■ Buenos días, señor.

● ¡Aaaaaachís!

■ ...

De paseo por Madrid

- Reading authentic texts about Madrid
- Accessing more challenging texts

READING SKILLS

Lee el texto. Pon la traducción del texto en el orden correcto.

De compras por el Rastro de Madrid

El Rastro de Madrid es un mercado al aire libre situado en pleno casco histórico que se organiza oficialmente todos los domingos por la mañana y los días festivos de la capital. Consiste en una multitud de puestos de ocasión en los que se puede encontrar de todo: camisetas, bolsos, libros, discos, aparatos electrónicos, zapatos. Los turistas que van paseando por Madrid encuentran el Rastro como algo insólito, donde pueden encontrar grandes y pequeñas cosas a un menor precio y también disfrutar de un ambiente diverso y cosmopolita como es el que se da en este mercado.

- **a** … T-shirts, handbags, books, records, electrical appliances, shoes.
- **b** … big and small things at a low price and also enjoy the diverse and cosmopolitan atmosphere that is found in this market.
- **c** It consists of a huge number of second-hand stalls where you can find everything:…
- **d** The Rastro in Madrid is an outdoor market situated in the heart of the historic city centre…
- **e** Tourists walking around Madrid find the Rastro quite unusual, in which they can find…
- **f** … which officially takes place every Sunday morning and on public holidays in the capital.

Lee el texto. ¿Verdadero o falso? Escribe V o F.

PARQUE DE ATRACCIONES MADRID

Información | En el parque | Eventos | Reservas | Organiza tu visita

Abismo

Abismo es la montaña rusa más espectacular de última generación, única en el mundo en su género. Los visitantes más atrevidos del Parque de Atracciones de Madrid tendrán ocasión de generar una gran cantidad de adrenalina cuando se precipiten hacia el abismo desde el punto más alto, 49 metros de altura, a una velocidad de 100 km/h…

Altura mínima 135 | Altura máxima 200
Zona Maquinismo | Velocidad máxima 105
Muy exigente
Localización

1. *Abismo* es una atracción del Parque de Atracciones de Madrid.
2. Es la montaña rusa menos original del mundo.
3. Si montas en esta atracción, no generarás mucha adrenalina.
4. El punto más elevado de *Abismo* tiene 49 metros de altura.
5. Irás a una velocidad de 100 km/h.

SKILLS

Selecting essential vocabulary

Don't stop to look up every word you don't know in a dictionary. Ask yourself: do I need to know what this word means to answer the question? If you do, look it up. If not, move on.

SKILLS

Understanding texts – step by step

Always start by reading for gist, not detail. Skim through the text using clues, such as cognates, pictures and the questions you are asked, to get a general idea of what the text is about.
Then re-read the text for detail. Try to work out the meaning from context and by using logic.

3 Lee el texto. Pon los títulos en el orden del texto.

Madrid

Madrid, la capital de España, es una ciudad cosmopolita que combina las infraestructuras más modernas con un inmenso patrimonio cultural y artístico.

Situada en el centro geográfico de la península Ibérica, Madrid conserva uno de los cascos históricos más importantes entre las grandes ciudades europeas. El centro histórico, conocido también como *Madrid de los Austrias*, y la impresionante plaza Mayor, uno de los rincones más populares y típicos de España, muestran el esplendor de la ciudad durante los siglos XVI y XVII.

La capital cuenta con más de 60 museos: el Museo del Prado, el Museo Thyssen-Bornemisza y el Centro Nacional de Arte Reina Sofía, dedicado al arte español contemporáneo, con obras de Picasso, Joan Miró, Salvador Dalí y Juan Gris.

Bellos parques y jardines permiten disfrutar del sol o pasear por una de las capitales más verdes de Europa.

Pero si hay algo que caracteriza a Madrid es una pasión por la vida que se refleja en el carácter amistoso de su gente.

La vida nocturna madrileña es también un importante atractivo de la capital de España por la variedad de sus bares, pubs y discotecas.

a The capital is full of museums!

b The nightlife is an attraction

c A passion for life that is reflected in the friendly character of its people

d Many green spaces

e Right in the middle of the Iberian Peninsula!

f A cosmopolitan city, rich in culture

4 Busca las frases en español en el texto del ejercicio 3.

1 Madrid, the capital of Spain, is a cosmopolitan city
2 one of the most important historic city centres
3 one of the most popular and typical corners of Spain
4 show the splendour of the city in the 16th and 17th centuries
5 one of the greenest capitals in Europe
6 an important attraction of the capital of Spain

5 Lee el texto del ejercicio 3 otra vez. Elige la respuesta correcta.

1 Madrid es una ciudad moderna / histórica / moderna e histórica.
2 El centro histórico también se llama Madrid del siglo XVI / Madrid de los Austrias / Madrid de la península Ibérica.
3 En Madrid hay más de sesenta museos / menos de sesenta museos / más de setenta museos.
4 En el artículo se dice que los madrileños son simpáticos / tímidos / maleducados.
5 La vida nocturna madrileña es monótona / variada / aburrida.

¡RESUMEN! I can…

- meet and greet people — **Esta es mi madre. Encantado/a.**
- ask for or say what I want to do — **¿Puedo ducharme? Quiero beber algo.**
- ▢ use expressions with **tener** — **Tengo hambre. ¿Tienes sed?**

- talk about a treasure hunt — **Vamos a hacer una caza del tesoro.**
- say what I/you/we have to do — **Hay que ir al estadio. Tenemos que sacar fotos.**
- ▢ use the superlative — **el parque más grande de la ciudad, la tienda más famosa de Madrid**

- say who I want to buy a souvenir for — **Quiero comprar algo para mi madre.**
- discuss what I am going to buy — **Voy a comprar un imán o tal vez un collar.**
- use shopping language — **¿Cuánto es? / Me lo llevo.**
- recognise the polite form of address — **¿Qué busca(n) usted(es)?**
- ▢ use the comparative — **La taza es más cara que el llavero.**
- S use correct word order when translating into English — **el estadio Santiago Bernabéu = Santiago Bernabéu Stadium**

- say what I will do in Madrid — **Iré al parque del Retiro, donde tomaré el sol.**
- say what I will do depending on the weather — **Si llueve, compraré recuerdos.**
- ▢ use the simple future tense — **Cogeré el teleférico. Sacaré fotos.**

- S say the right thing in different social situations
- S cope in a conversation by:
  - asking someone to repeat, explain, etc.
  - using non-verbal ways to get my meaning across (mime, pointing, drawing, acting)

- S access more challenging texts by:
  - not stopping to look up every word I do not know
  - only looking up words I need to understand to do the task
  - skimming through a text first before re-reading it for detail

1 Write down at least six souvenirs you could buy in Madrid, including the correct indefinite article ('a'/'some'). Check your answers using the *Palabras* on page 122.

2 In pairs. Take turns at recommending things you should do in Madrid. Your partner completes the sentence with a logical ending. E.g. – *Hay que comer…* – *churros.*

3 Match up the two phrases and write new sentences using *así que quiero…* ('so I want to…') to link them.

Tengo hambre… | Tengo sueño… | Tengo sed… | Busco algo para mi tía…

…beber algo | …acostarme | …ir al Rastro | …comer un bocadillo

4 Complete the six parts of the verb *visitar* in the simple future tense ('I will visit', etc.):

visitaré, …

5 In pairs. Put the sentences of the dialogue into the correct order. Read aloud, then change the underlined words to improvise a new conversation.

Muy bien. Me lo llevo.

¿Tal vez un collar o un imán?

Son ocho euros.

Quiero comprar algo para mi abuela.

Buenos días. ¿En qué puedo ayudarle?

El collar es más bonito que el imán. ¿Cuánto es?

¡Go!

6 Conjugate these verbs with the 'I' and 'we' form in the:

a preterite **b** present tense **c** simple future tense

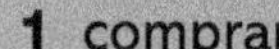

1 comprar **2** comer **3** sacar **4** ir **5** hacer

7 Translate the message into English.

Ayer visitamos la Casa de Campo, el parque más grande de Madrid. Primero cogimos el teleférico y luego fuimos al parque de atracciones donde comí un bocadillo de calamares. ¡Qué rico! Mañana, si hace buen tiempo, daré una vuelta por el mercado. Sin embargo, si llueve, iré al Museo de Historia.
Enrique

8 Write your own text using Enrique's text as a model.

Escucha y escribe las dos letras correctas. (1–3)

a	weather	e	shopping facilities
b	food	f	monuments
c	museums	g	leisure facilities
d	people	h	public transport

What do they like and dislike about Madrid?

1 Carmen likes the ___ and dislikes the ___.
2 Manuel likes the ___ and dislikes the ___.
3 Almudena likes the ___ and dislikes the ___.

Sophie está en casa de su amiga española Inés. Escucha y completa las frases con las palabras del recuadro. (1–5)

1 Sophie tiene…
2 Sophie no quiere…
3 Hoy van a…
4 Sophie no quiere visitar el…
5 El martes Inés…

ir al parque	sacó fotos
Palacio Real	comer nada
ducharse	sed
ir de compras	sueño
museo del Prado	sacará fotos

Remember **TRAPS**:
- **T**ense/**T**ime frame: Listen for tenses to help you choose the right answer in questions 4 and 5.
- **R**eflect, don't **R**ush!: Look carefully at the sentences and think about what type of word(s) you need.
- **A**lternative words/synonyms: What you hear may not be the same as the wording on the page.
- **P**ositive or negative?: Does Sophie accept all of Inés' suggestions?

Mira el juego de rol. Prepara tus respuestas.

All the questions you hear will use **usted** (polite form of 'you').

Usted está hablando con el/la empleado/a de una tienda de recuerdos en España.

- Recuerdo – para quién
- !
- ? – Precio
- Tu opinión de Madrid (**una** opinión y **una** razón)
- Tus planes para mañana (**dos** detalles)

Start with 'I want a souvenir for my…'

Precio means 'price'. How do you ask 'How much is it?'

Sometimes the unexpected question is made up of two parts.

Make sure you include **una razón** (a reason).

Use either the near future or simple future tense.

Con tu compañero/a, escucha y haz el juego de rol dos veces. (1–2)

Do one complete role play each. Listen to your partner and give feedback on his or her performance.

- Remember to use correct intonation when asking a question.
- What could you say if you don't understand the unexpected question?

Descripción de una foto. Mira la foto y prepara tus respuestas a las preguntas. Luego haz diálogos con tu compañero/a.

- ¿Qué hay en la foto?
- ¿Y a ti? ¿Qué te gustaría hacer en Madrid?
- ¿Qué ciudad visitaste recientemente?

- **Who** is in the photo and **what** are they doing?
- **Where** do you think they are? (See page 103.)
- Can you describe their **clothes** and **appearance**?
- What is the **weather** like?

Lee el texto y las preguntas. Luego escribe las letras correctas.

Bienvenidos al Teleférico de Madrid

El Teleférico ofrece a los turistas las mejores vistas panorámicas de Madrid.

Es la manera ideal de ver desde el aire la parte más histórica de la capital, y te permite viajar al centro de la Casa de Campo de manera rápida y sostenible, reduciendo el tráfico y los problemas de aparcamiento.

El Teleférico cuenta con 80 cabinas con capacidad para 6 personas. Su capacidad máxima es de 1.200 pasajeros por hora y cada trayecto tiene una duración de 11 minutos.

¿Puedo coger el Teleférico con mi perro guía?
Por supuesto.

¿Pueden viajar solos los niños?
Los menores de 14 años viajarán acompañados de, al menos, 1 adulto.

¿En qué condiciones climatológicas funciona el Teleférico?
Las únicas condiciones que pueden suspender el servicio son el viento lateral o una tormenta eléctrica.

¿Hay precios especiales para grupos?
Ofrecemos precios especiales para grupos de más de 20 personas.

sostenible	*sustainable*
el corazón	*heart*

1. Se puede ver la parte de la ciudad con más **a** monumentos **b** historia **c** turistas.
2. El Teleférico tiene beneficios para **a** los niños **b** el corazón **c** el medio ambiente.
3. En cada cabina hay espacio para **a** ochenta personas **b** seis personas **c** once personas.
4. No se puede coger el Teleférico **a** con un perro guía **b** con un niño **c** si hace viento.
5. Si viajas en grupo es más **a** barato **b** caro **c** difícil.

Estás de vacaciones en Madrid. Escribe un correo a tu amigo/a español(a).

Menciona:

- tu opinión de la ciudad
- qué monumentos visitaste ayer
- tus recomendaciones para comer en Madrid
- tus planes para mañana.

Say where you went and what you did there.

You can recommend something simply by expressing a positive opinion.

What you will do if it's sunny, if it's raining etc.?

Try to include:
- the superlative **(los churros más ricos)**
- **hay que/tienes que** + infinitive
- **si** + present tense/simple future tense.

¡GRAMÁTICA!

The superlative

You use the superlative to talk about 'the (old)-est' or 'the most (famous)'. It is made up of four parts:

el / la / los / las + noun + **más** + adjective

Remember to make the adjective agree with the noun it describes:

el estadio **más** famoso	the most famous stadium
la churrería **más** antigua	the oldest churros shop
los monumentos **más** famosos	the most famous monuments
las ciudades **más** grandes	the biggest cities

1 Choose the correct definite article and adjective to complete each superlative.

Example: **1** las películas más interesantes

1. el / la / los / las **películas más** interesante / interesantes
2. el / la / los / las **dieta más** saludable / saludables
3. el / la / los / las **chico más** joven / jóvenes
4. el / la / los / las **hombres más** viejo / vieja / viejos / viejas
5. el / la / los / las **ciudad más** sucio / sucia / sucios / sucias
6. el / la / los / las **barrios más** limpio / limpia / limpios / limpias

2 Translate these superlatives into Spanish.

Example: **1** la princesa más famosa

1. the most famous princess
2. the most ferocious lion
3. the most spectacular cable car
4. the cleanest parks
5. the youngest seal
6. the biggest shops

The comparative

You use the comparative to compare two nouns.

más	+	adjective	+	**que**	=	more... than / ...er than
menos	+	adjective	+	**que**	=	less... than

The adjective must agree with the noun it describes.

La taza es **más** cara **que** el imán.	The cup is more expensive than the magnet.
El llavero es **menos** barato **que** la camiseta.	The key ring is less cheap than the T-shirt.
Los pendientes son **más** feos **que** el collar.	The earrings are uglier than the necklace.
Las camisetas son **más** bonitas **que** los llaveros.	The T-shirts are nicer than the key rings.

3 Write out these sentences in Spanish. Make the adjective agree with the first noun.

Example: **1** El imán es más bonito que el llavero.

\+ más − menos

1.  + bonito 
2.  − caro 
3.    − grande 
4. + barato
5. + famoso
6. 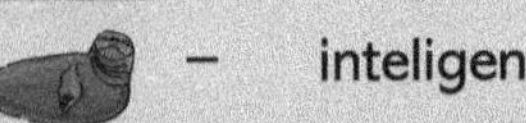 − inteligente

The future tense

To talk about the future, you can use:

- the near future tense (I am going to…) = **ir** + **a** + the infinitive
- the simple future tense (I will…)

To form the simple future tense, take the infinitive of the verb and add these endings:

comer	to eat
comer**é**	I will eat
comer**ás**	you will eat
comer**á**	he/she will eat
comer**emos**	we will eat
comer**éis**	you (plural) will eat
comer**án**	they will eat

Some verbs have an irregular future stem:

hacer → **haré**

4 **Write out the parts of the verbs hablar and ir in the simple future tense.**

Example: hablaré,…

5 **Choose the correct verb form to complete each sentence.**
Then translate the sentences into English.

Example: **1** Primero yo iré al parque del Retiro. First I will go to Retiro Park.

1. Primero yo irá / iré al parque del Retiro.
2. Luego mi hermano y yo daremos / darás una vuelta por el Rastro.
3. ¿Qué compraréis / compraré para vuestros padres, Cameron y Carmen?
4. Por la tarde mi hermano tomarán / tomará el sol.
5. Mis hermanas haremos / harán una caza del tesoro.
6. ¿Qué visitarás / visitaré mañana, Nuria?

6 **Complete the text with the verbs in brackets in the future tense.**

Esta noche mi amigo Andrés **1** ___ (llegar, *he*). Andrés **2** ___ (pasar, *he*) una semana con nosotros. Primero le **3** ___ (presentar, *I*) a mi familia y luego **4** ___ (comer, *we*) algo. Mañana Andrés y yo **5** ___ (visitar, *we*) la ciudad y **6** ___ (hacer, *we*) muchas cosas. Si hace sol, Andrés y mi hermano **7** ___ (ir, *they*) a la piscina, pero si hace frío, Andrés **8** ___ (coger, *he*) el teleférico y **9** ___ (sacar, *he*) fotos. ¡**10** ___ (ser, *it*) divertido!

Using three tenses together

You can show off your knowledge of verbs by using three tenses together.

ayer + preterite **si** + present tense **mañana** + near future tense / simple future tense

Ayer fui al Museo Reina Sofía. Si llueve, mañana voy a ir al Museo del Prado y sacaré muchas fotos.

7 **Translate the following sentences into Spanish.**

Yesterday we went to the Rastro and then we ate in a restaurant. If the weather is nice, tomorrow we are going to go to the theme park and we will go on lots of rides.

Te presento a... Let me introduce you to...

Este / Esta es mi padre / madre.	This is my father / mother.
Estos / Estas son mis hermanos / hermanas.	These are my brothers / sisters.
Encantado/a. / ¡Mucho gusto!	Pleased to meet you!
¿Qué tal fue el viaje?	How was the journey?
¿Tienes hambre / sed / sueño?	Are you hungry / thirsty / sleepy?
(No) Tengo hambre / sed / sueño.	I am (not) hungry / thirsty / sleepy.
Quiero...	I want to...
¿Puedo...?	Can I...?
acostarme	go to bed
ducharme	have a shower
mandar un SMS	send a text
ver la tele (un ratito)	watch television (for a little while)
¿Quieres...?	Do you want to...?
beber / comer algo	drink / eat something
acostarte	go to bed
ducharte	have a shower

Una aventura en Madrid An adventure in Madrid

¿Qué vamos a hacer?	What are we going to do?
Vamos a hacer una caza del tesoro.	We are going to go on a treasure hunt.
Hay que...	You/We have to...
Tenemos que...	We have to...
buscar un perro	find a dog
coger el teleférico	take the cable car
comer churros	eat churros
comprar una postal	buy a postcard
dibujar (el león)	draw (the lion)
guardar la entrada	keep the ticket
ir a la churrería	go to the churros shop
ir al estadio Santiago Bernabéu	go to Santiago Bernabéu Stadium
ir al parque del Retiro	go to Retiro Park
sacar fotos	take photos
ver un cuadro	see a painting
¡Lo vamos a pasar guay!	We are going to have a brilliant time!
Vamos a visitar / ver...	We are going to visit / see...
el parque más grande de la ciudad	the biggest park in the city
la tienda más famosa de Madrid	the most famous shop in Madrid
los museos más espectaculares	the most spectacular museums
las tiendas más antiguas	the oldest shops

En la tienda de recuerdos In the souvenir shop

¿Qué vas a comprar?	What are you going to buy?
Quiero (comprar) algo para mi madre / hermano.	I want (to buy) something for my mother / brother.
Voy a comprar...	I am going to buy...
un collar / un imán / un llavero	a necklace / a magnet / a key ring
una camiseta / una figurita / una taza	a T-shirt / a figurine / a cup
unos pendientes	earrings
unas castañuelas	castanets
el turrón	nougat
El imán es más barato que la taza.	The magnet is cheaper than the cup.
La camiseta es menos cara que el turrón.	The T-shirt is less expensive than the nougat.
Los pendientes son más bonitos que el collar.	The earrings are nicer than the necklace.
Las castañuelas son menos prácticas que el llavero.	The castanets are less practical than the key ring.
¿En qué puedo ayudarle?	How can I help you? (polite form)
¿Qué busca(n) usted(es)?	What are you looking for? (polite form)
¿Cuánto es?	How much is it?
Son... euros.	It is... euros.
Me lo/la / los/las llevo.	I'll take it / them.

¿Qué visitarás mañana? What will you visit tomorrow?

Cogeré el teleférico.	I will take the cable car.	**Sacaré fotos.**	I will take photos.
Comeré pescado.	I will eat fish.	**Tomaré el sol.**	I will sunbathe.
Compraré recuerdos.	I will buy souvenirs.	**Visitaré el Museo (del Jamón / Prado).**	I will visit the (Ham / Prado) Museum.
Daré una vuelta (por el Rastro).	I will go for a walk (around the Rastro).	**Si…**	If…
Haré muchas cosas.	I will do lots of things.	**hace buen / mal tiempo**	it's good / bad weather
Iré al parque de atracciones.	I will go to the theme park.	**hace frío / sol / viento**	it's cold / sunny / windy
Iré a un restaurante.	I will go to a restaurant.	**llueve**	it's raining

Palabras muy frecuentes High-frequency words

primero	first	**si**	if
luego	then	**este/esta / estos/estas**	this / these
después	afterwards	**algo**	something
más tarde	later	**más**	more
finalmente	finally	**menos**	less
(o) tal vez	(or) perhaps	**para**	(in order) to, for
donde	where	**usted(es)**	you (pl) (polite form)

Estrategia 5
Collecting phrases

Try to make your Spanish 'super-Spanish': collect phrases that will help you to sound authentic.

- When people speak, they play for time.

A ver…	Let's see…
Bueno / Pues…	Well…

- Making comments is a good way of having a more interesting conversation.

¡Qué aburrido!	How boring!
¡Qué aventura!	What an adventure!
¡Qué bien!	Great!
¡Qué bonito!	How pretty!
¡Qué guay!	How cool!
¡Qué rico!	How delicious!
¡Qué suerte!	How lucky!

Try to learn a new useful phrase each week.

Una caza del tesoro virtual

- Creating a virtual treasure hunt
- Using question forms

Empareja las mitades de las preguntas. Traduce las preguntas al inglés.

1	¿Qué se	a	animales hay en la plaza?
2	¿Dónde está	b	fue el fundador de la Alhambra?
3	¿Cuántos	c	llama este monumento?
4	¿Quién	d	puede hacer en Granada?
5	¿Cómo se	e	es el símbolo de la ciudad?
6	¿Cuál	f	el palacio?

Escucha y comprueba tus respuestas. (1–6)

Mira el mapa y las fotos de Granada. Contesta a las preguntas en español.

1 ¿Qué se puede comprar en la plaza de Bib-Rambla?
2 ¿Cómo se llaman los baños árabes?
3 En el monumento a Isabel la Católica, ¿quién está delante de la reina?
4 ¿Dónde se pueden ver leones?
5 ¿Dónde se pueden ver las casas-cueva granadinas?
6 ¿Dónde se pueden ver cuadros?

la reina	*queen*
la cueva	*cave*

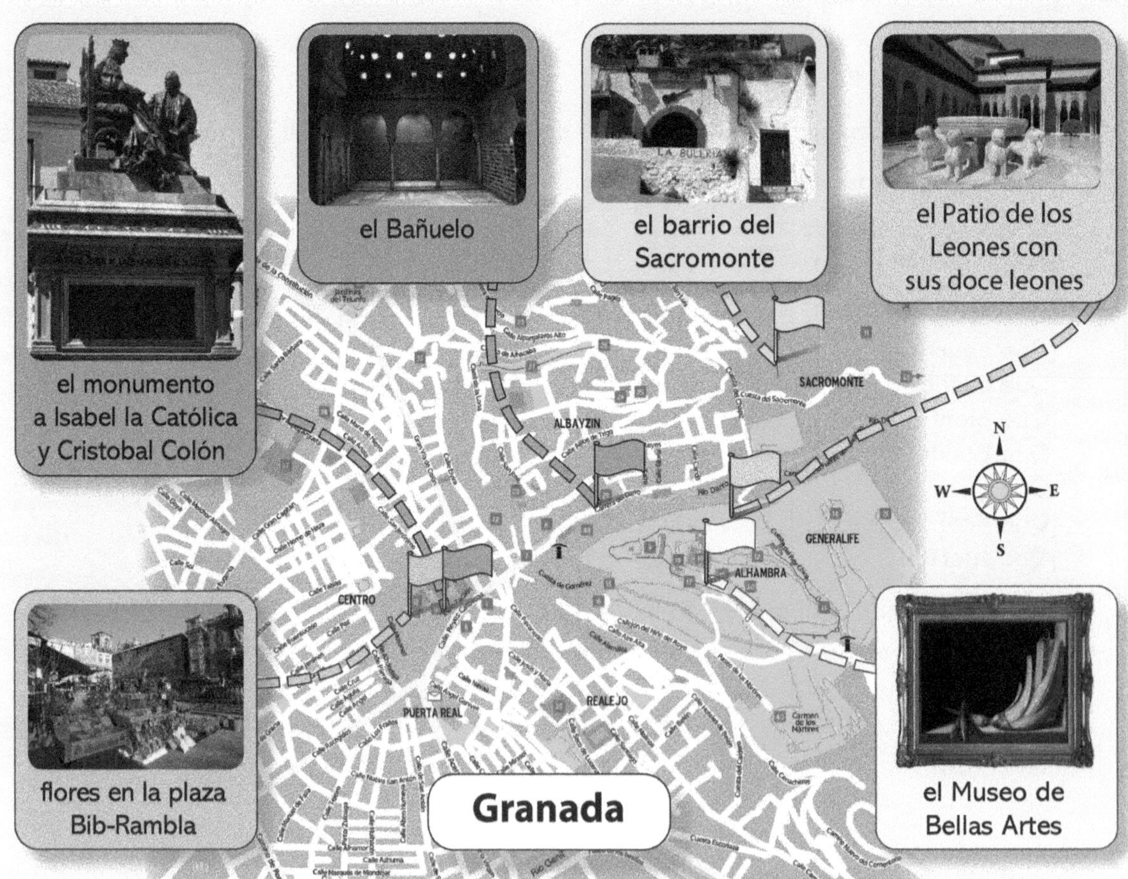

Traduce las preguntas al español.

1 What can you see in Granada?
2 Where is the Alhambra Museum?
3 What is the market called?
4 Who was the architect of Granada Cathedral?
5 What can you buy in Larga square?

Traduce las instrucciones al inglés.

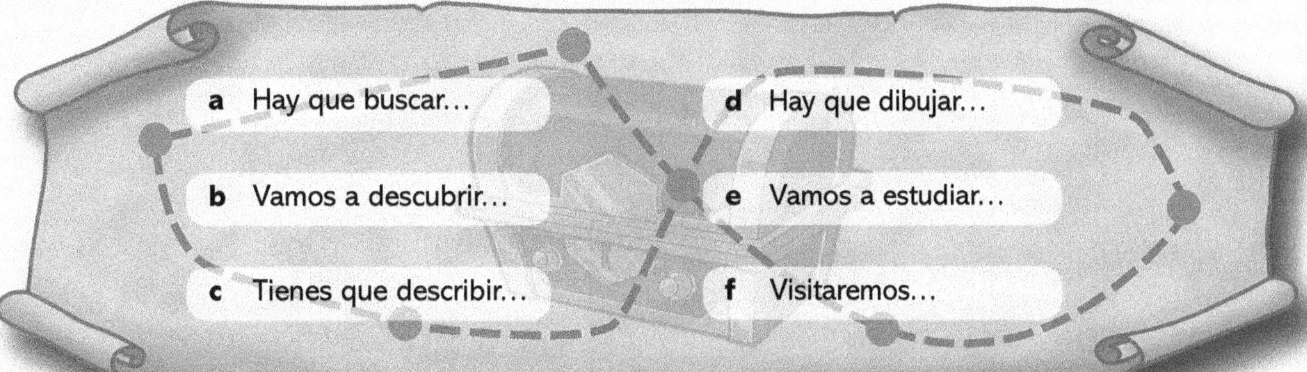

Escucha y pon las frases del ejercicio 5 en el orden correcto.

Con tu compañero/a, crea tu propia caza del tesoro virtual.

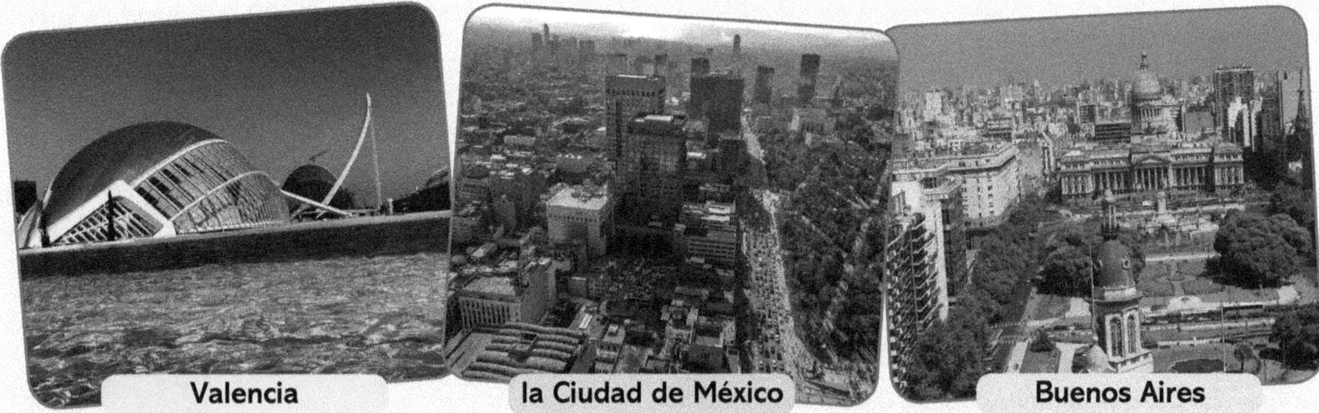
Valencia | la Ciudad de México | Buenos Aires

1 Choose a city.
2 Find a map of the city and start your research.
3 Decide on the locations of your treasure hunt and think about the questions that you could ask about them.
4 Now create the questions and instructions for your treasure hunt:
   - First, set the scene: tell the players that they are going to do a virtual treasure hunt in your chosen city. **(Vais a hacer una caza del tesoro virtual en…)**
   - Choose at least six places and write a question about each of them. **(¿Dónde se puede ver…?)**
   - Allocate points to award for each question.
   - Write instructions telling the players what they need to do at each location. **(Hay que buscar / dibujar / descubrir…)**
5 Set a time limit, if you like.
6 Check that your information is correct and that your Spanish is accurate.

Intercambia tu caza del tesoro con otra pareja y haz su caza del tesoro.
Swap your treasure hunt with another pair and do their treasure hunt.

¡TE TOCA A TI!

Lee los textos. Para cada persona, escribe las letras de las actividades correctas. Indica la opinión y escribe la frecuencia en inglés.

Ejemplo: **Santi:** d, 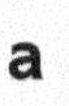, every day

Me molan los cómics, así que voy a la biblioteca todos los días después del insti. Hay un club de cómics y es guay. También me chifla el dibujo (dibujo todo el tiempo), pero no me gustan nada las artes marciales.
Santi

Me chiflan los animales. Voy al refugio de animales dos veces a la semana y tengo muy buenos amigos allí. Mi animal favorito es un gatito que se llama Pepe. También me mola la natación. Voy a la piscina muy a menudo y soy miembro de un club. Pero no me gustan nada las tareas domésticas...
Victoria

a  **b** 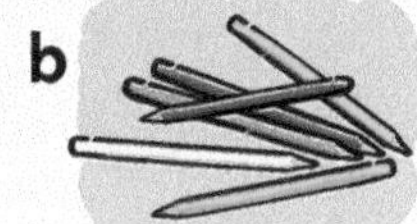 **c**  **d**  **e**  **f** 

¿Qué van a decir? Escribe <u>dos</u> textos. Utiliza los textos del ejercicio 1 como modelo.

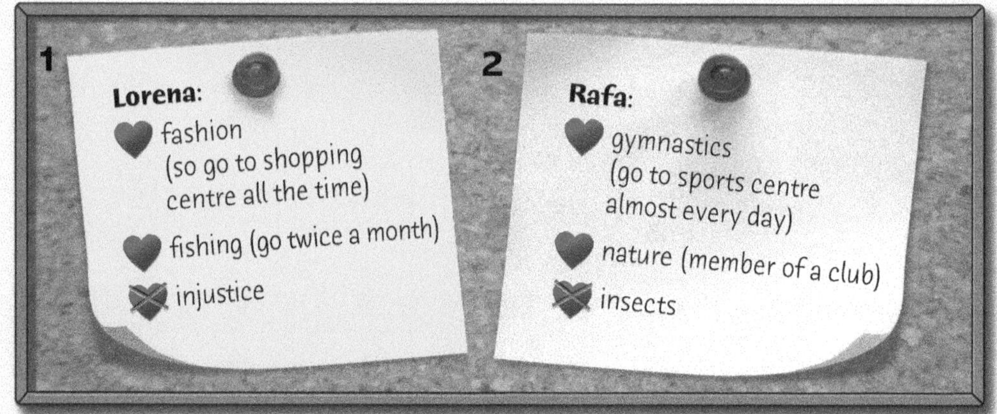

Empareja las mitades de las frases. Traduce las frases al inglés. Utiliza el minidiccionario si es necesario.

Ejemplo: **1** b I love action films.

1 Me encantan las...
2 También me chiflan...
3 Mi película favorita es *Piratas del Caribe* y mi...
4 Mañana por la tarde, voy a...
5 Va a ser muy divertido y...

a las películas de fantasía.
b películas de acción.
c voy a comer palomitas, por supuesto.
d actor favorito es Johnny Depp porque es fenomenal.
e ver *Alicia en el País de las Maravillas* en el cine.

¿Qué tipo de películas te gustan? ¿Qué vas a ver? Adapta las frases del ejercicio 3.

Lee el texto y completa las frases en inglés.

Anahí, la cantante mexicana, celebra hoy su cumpleaños.

Anahí nació en la Ciudad de México el 14 de mayo de 1983. Desde muy pequeña comenzó a trabajar en la televisión mexicana.

Sus mejores momentos:

- A la edad de dos años empezó su carrera en el programa *Chiquilladas*.
- En 2005 su grupo musical visitó varios países de Latinoamérica y Europa.
- En 2012 se unió a la Fundación Non-Violence como nuevo miembro.
- Hoy es una de las figuras mexicanas con más seguidores en la red social Twitter.

Today, Anahí is celebrating **1** ____ . She was born in Mexico City on **2** ____. At the age of **3** ____ she began her television career. In 2005 her band visited various **4** ____ in **5** ____ and in **6** ____. In 2012 she joined the Non-Violence Foundation as a **7** ____. Today, she is one of the Mexican stars with the most **8** ____ on **9** ____.

Lee el texto. ¿Verdadero o falso? Escribe V o F. Luego corrige los errores.

Me llamo Bea y soy skater. Me chifla montar en monopatín. Es mi mundo. El trece de junio cumplí catorce años y celebré mi cumpleaños con mis amigas. Me molan mis amigas porque son muy divertidas. Paso mucho tiempo con ellas.

Fuimos a un skatepark, donde participamos en una aventura de skate durante tres horas. Fue increíble. Primero hicimos muchas actividades y juegos en monopatín. Luego comí patatas fritas y bebí un refresco. Después comimos un trozo de tarta de cumpleaños. También recibí muchos regalos. Mi mejor amiga me regaló una camiseta skate que me encantó. Estuve con mis amigas y por eso ¡lo pasé super guay!

El año que viene, para celebrar mi cumpleaños, voy a hacer diferentes actividades deportivas durante todo el día.

1 Bea tiene catorce años y le mola el monopatín.
2 Celebró su cumpleaños con su familia.
3 Fueron a una pista de pelota vasca.
4 Bea comió patatas fritas y tarta de cumpleaños. Bebió un refresco.
5 Su mejor amiga le regaló una camiseta.
6 El año que viene va a ir a un parque de atracciones.

¿Qué tal fue tu cumpleaños? Escribe un texto. Utiliza el texto del ejercicio 2 como modelo.

Write:

- what your name is, when you celebrated your birthday and with whom
- you went to a museum and saw many things
- you went to a restaurant afterwards
- you ate birthday cake and ice cream and received lots of presents
- your opinion of what you did
- what you are going to do next year for your birthday.

1 **Escribe las frases y luego tradúcelas al inglés.**

1 Soy muy ambicioso. Quiero ser cantante. En el futuro voy a ser famoso y voy a vivir en el extranjero. Va a ser flipante.

2 Soy bastante seria, y por eso quiero ser periodista. En el futuro voy a ir a la universidad y luego voy a hacer un trabajo interesante. Va a ser fenomenal.

2 **Escribe <u>dos</u> textos. Utiliza los textos del ejercicio 1 como modelo.**

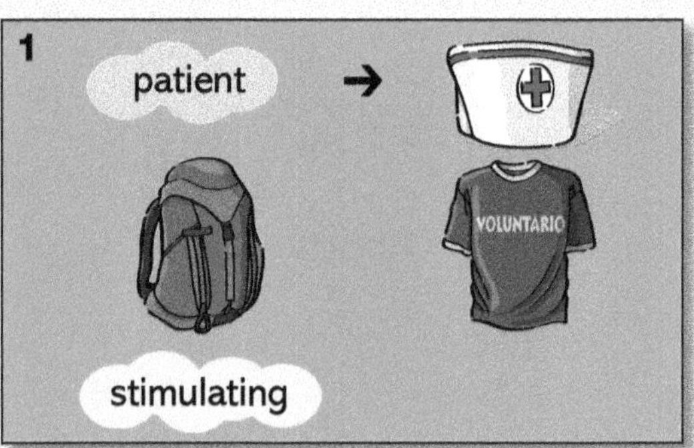

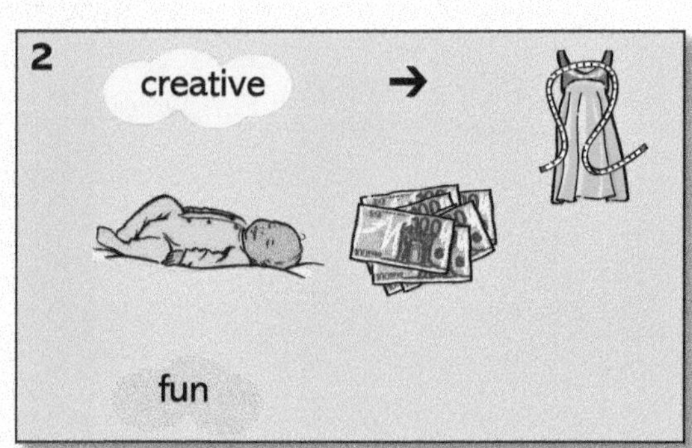

3 **Empareja las preguntas con las respuestas.**

Arturo

1 ¿En qué trabajas?
2 ¿Por qué decidiste ser mecánico?
3 ¿En qué consiste tu trabajo?
4 ¿Qué cualidades tiene que tener un mecánico?
5 ¿Los idiomas son importantes en tu trabajo?

a Tengo que reparar coches y motos.

b Por supuesto. Hablo español y francés. Tengo que hablar muy a menudo con clientes que hablan otros idiomas. Además, con un segundo idioma es más fácil encontrar trabajo.

c Me chiflan los motores y por eso decidí ser mecánico. Fui a una escuela de automoción, donde estudié la reparación y el mantenimiento de vehículos automóviles y me encantó. A los veinticinco años cumplí mi sueño de ser mecánico.

d Tienes que ser muy práctico, trabajador y responsable.

e Soy mecánico. Me encanta porque es estimulante y no es monótono.

4 **Lee el texto del ejercicio 3 otra vez. ¿Verdadero o falso? Escribe V o F.**

1 A Arturo le flipan los motores.
2 Arturo estudió cómo reparar vehículos en una escuela de automoción.
3 Le gusta ser mecánico, pero el trabajo es un poco monótono.
4 Arturo nunca habla con clientes que hablan otros idiomas.
5 Tiene que reparar aviones.

1 **Lee el texto y completa las frases en inglés. Utiliza el minidiccionario si es necesario.**

Veterinario

El médico de los animales

Tu perfil

Es evidente que, si quieres ser veterinario, tienen que gustarte los animales y no se debe tener miedo a la sangre. Tienes que ser una persona observadora, metódica, cuidadosa y segura. Tienes que tener capacidad de memorización y facilidad de comunicación.

If you want to be a vet, you have to **1** ____. And you must not be **2** ____. You have to be **3** ____. You have to be capable of **4** ____ information and have good **5** ____ skills.

2 **Lee los textos. Copia y completa la tabla.**

	pasado	presente	futuro
Catalina		a, …	
Álvaro			

Me llamo Catalina y en este momento trabajo en una agencia de viajes. Soy guía turística y tengo que diseñar y organizar visitas, y a veces también tengo que salir con grupos. Estudié turismo y me encantó. Aprendí a hablar inglés y alemán, y ahora puedo hablar con turistas de distintas nacionalidades. Me gusta mi trabajo porque me gusta conocer a gente nueva. Sin embargo, quiero ser cocinera porque me chifla la cocina. Me gustaría estudiar en una escuela de catering. Voy a abrir un restaurante. Va a ser mucho más estimulante.

aprendí *I learned*

Me llamo Álvaro. Soy peluquero y tengo que cortar el pelo a los clientes. Estudié peluquería en una escuela y a los veintidós años empecé a trabajar en un salón de belleza en un hospital. Luego trabajé en un crucero, y ahora trabajo en un hotel. No me gusta nada mi trabajo. Es repetitivo y además, mi jefe es muy antipático. Me encanta el deporte y por eso en el futuro quiero ser entrenador de un equipo de fútbol. Quiero viajar más. Voy a trabajar en Europa con un equipo interesante. ¡Va a ser muy divertido!

a 

b 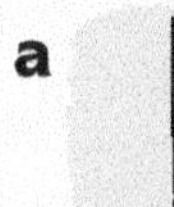 

c 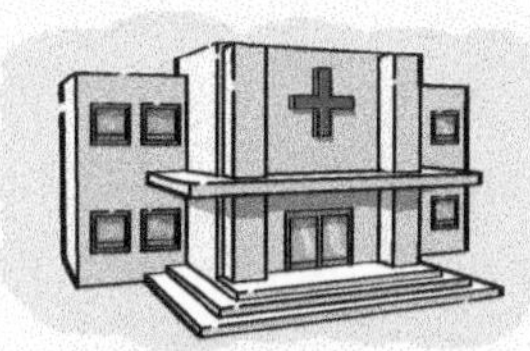

d 

e 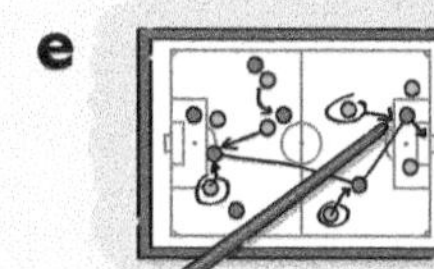

f  

g 

h 

3 **Escribe un texto. Utiliza los textos del ejercicio 2 como modelo. Inventa detalles.**

Include:

- where you work **(Trabajo en…)**
- what you work as and what you have to do **(Soy… Tengo que…)**
- how you studied to do this job **(Fui a… / Estudié… Aprendí a…)**
- your opinion of your job **(Me gusta / No me gusta nada… porque…)**
- what you would like to do instead and why **(Quiero ser… porque soy… Me chifla(n)…)**
- what you are going to do in the future **(En el futuro voy a… Me gustaría…)**.

¿Qué consejos no siguen Joaquín y Ariana? Escribe las dos letras correctas para cada uno.

1

Duermo seis horas por lo general. Me acuesto a las dos de la mañana, y me despierto a las ocho. Normalmente me levanto enseguida, pero ayer me quedé en la cama, donde leí hasta las once. No me gusta nada el deporte, así que nunca voy al polideportivo y nunca hago footing.

Joaquín

2

No me gusta nada la fruta. No la como mucho. No me gustan nada las verduras, ¡puaj!, y por eso nunca las como, pero me encantan la limonada y la cola. Las bebo todos los días. Ayer, por ejemplo, desayuné limonada y por la tarde bebí dos botellas de cola. ¡Qué ricas!

Ariana

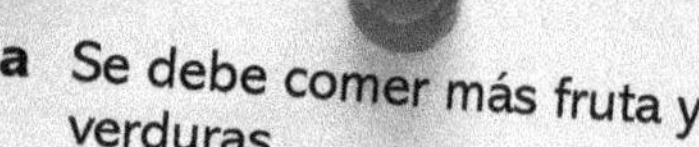

- **a** Se debe comer más fruta y verduras.
- **b** Se debe entrenar una hora al día.
- **c** No se debe fumar.
- **d** Se debe dormir ocho horas al día.
- **e** No se debe beber muchos refrescos.
- **f** No se debe comer comida basura.

¿Qué dicen los jóvenes? Escribe un texto para cada persona. Utiliza los textos del ejercicio 1 como modelo.

1

Tomás

23:00

07:00

todo el tiempo

Ayer

AGUA 2 LITROS

2

Julieta

una hora al día

2x a la semana

muy a menudo

Ayer

Lee el texto y completa las frases en inglés.

Me llamo Lucas y vivo en Buenos Aires, en Argentina. Creo que estoy en forma. Voy muy a menudo al polideportivo, donde tengo clases de baile. También hago escalada con mi padre, pero prefiero bailar. Pienso que llevo una dieta bastante saludable por lo general. En Argentina comemos mucha carne. La como dos o tres veces a la semana. También comemos pizza argentina y empanadas. Ayer fui a una cafetería con mis amigos y comimos alfajores (que son unas galletas argentinas) y churros. A ver… tal vez mi dieta no es tan sana. A partir de ahora voy a comer más fruta y menos galletas. Además, voy a beber agua frecuentemente.

Lucas thinks he is **1** ____. He often goes to the sports centre, where he **2** ____. In Argentina they eat a lot of **3** ____. Lucas eats it **4** ____. Yesterday he **5** ____ with **6** ____ and they ate **7** ____. From now on, he **8** ____. In addition, he **9** ____.

Copia y completa el texto con los verbos del recuadro.

Ejemplo: **1** me despierto

Los fines de semana **1** ___ muy temprano, pero me levanto a las nueve. **2** ___ y luego **3** ___ cereales. Para estar en forma, me encanta **4** ___ al paintball. Es guay. **5** ___ al paintball una vez a la semana. **6** ___ mi deporte preferido. El fin de semana pasado **7** ___ en un torneo con mis amigos. Lo **8** ___ fenomenal, pero ahora **9** ___ los brazos y estoy cansado. La próxima vez **10** ___ una chaqueta grande para proteger los brazos.

pasamos
jugar me duelen
desayuno participé
me despierto Me ducho
voy a llevar
Juego Es

Imagina que eres Sofía. Escribe un texto. Utiliza el texto del ejercicio 1 como modelo.

Ejemplo: Los fines de semana me despierto…

Lee el texto y contesta a las preguntas en inglés. Utiliza el minidiccionario si es necesario.

El mejor combustible para ser campeón

El cuerpo de un deportista es como un coche de Fórmula 1 – necesita el mejor combustible para ganar.

Antes de la carrera

La hidratación es esencial antes de hacer todo tipo de ejercicio intenso. Una hora antes de la carrera, bebe agua y come una fruta (por ejemplo, un plátano o unos dátiles). Es mejor evitar los caramelos.

Durante la carrera

Durante la carrera es importante mantener la energía y mantenerse hidratado. Las bebidas isotónicas o deportivas son ideales. Toma un trozo de plátano o una pequeña barrita de cereales cuando puedes.

Después de la carrera

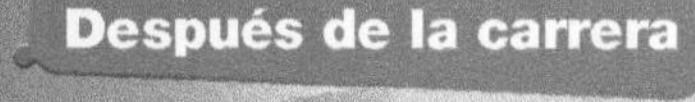

Se recomienda tomar algo que contiene proteínas (para reconstruir las fibras musculares) y azúcar (para recuperar energía). Por ejemplo, un yogur líquido o un batido.

el combustible	*fuel*
el plátano	*banana*
evitar	*to avoid*
el azúcar	*sugar*

1 According to the text, how is a sportsperson's body like a Formula 1 car?
2 Name two things you should do one hour before a race.
3 What should you avoid doing before a race?
4 Name two things it is important to do during the race.
5 What should you eat during the race when you can?
6 What type of drink is recommended after a race? Why?

When reading, remember you don't need to understand everything or look up every unknown word. Use the questions to guide you towards what you need to work out.

Lee los textos y completa el perfil en inglés para Esmeralda y Diego.

Name:________________

Lives in: ________________

Rights mentioned:________________

Ambition: ________________

Me llamo Esmeralda y soy norteamericana. Vivo en Florida. Todos tenemos derecho a la libertad de expresión aquí en Estados Unidos y tenemos mucha suerte porque se puede dar tu opinión. También tenemos derecho a un medio ambiente sano y aquí no hay mucha contaminación. En el futuro voy a ser abogada. ¿Y tú?

Me llamo Diego y soy chileno. Vivo en Santiago de Chile. Todos tenemos derecho a vivir en armonía y aquí en Santiago de Chile, tenemos suerte porque no hay mucha violencia. También tenemos derecho al amor y a la familia. Yo vivo con mi familia y mis padres me cuidan. En el futuro voy a ser médico. ¿Y tú?

Traduce el texto al español.

I am called Sergio and I live in Valladolid, in Spain. We all have the right to education and we are lucky here in Valladolid because there are good schools. We also have the right to play and I can play with my friends in the park. In the future I am going to be a journalist. And you?

Lee el texto. Copia y completa la tabla en inglés. Utiliza el minidiccionario si es necesario.

Para tener una casa ecológica…

Hace tres años:

- Construimos una casa con materiales no tóxicos.
- Empezamos a hacer compostaje y reducimos el consumo eléctrico.
- Hicimos un jardín, donde plantamos árboles y flores.

Ahora:

- Cuando llueve, recogemos el agua de lluvia y luego la reutilizamos en el jardín.
- Usamos energías limpias y tenemos un programa de reciclaje.

En el futuro:

- Vamos a poner paneles solares en el techo y vamos a reutilizar más cosas.
- Vamos a plantar verduras y también vamos a hacer un jardín vertical en la pared.

el techo *roof*
la pared *wall*

what they did 3 years ago	what they do now	what they are going to do

Lee el texto. Escribe 'pasado', 'presente' o 'futuro' para cada dibujo.

¿Cómo era tu ciudad antes? ¿Cómo es ahora?

A ver... antes en mi ciudad no había nada para los jóvenes, pero ahora hay muchas cosas, por ejemplo parques y espacios públicos muy bonitos. En el futuro parece que van a construir una biblioteca y también van a construir un polideportivo.
Antes no había medios de transporte público, pero ahora tenemos suerte porque hay una red de transporte muy buena. Igualmente, antes mi ciudad estaba sucia, pero ahora está limpia. Había mucha contaminación y también mucha basura. Sin embargo, hoy hay menos contaminación y menos basura. ¡Me alegro!

a 
b 
c 
d 
e 
f 

Antes la ciudad era muy agradable, pero ahora hay problemas. Escribe un texto.

Before, the city was very nice, but now there are problems. Write a text.

Ejemplo: Antes había muchas cosas para los jóvenes, pero ahora...

- Antes... (no) había / tenía / estaba...
- Ahora... (no) hay / tiene / está...
- En el futuro... (no) van a construir / va a ser...

before	now	in the future
lots for young people	no transport	not going to build a sports centre
no pollution	pollution	going to be horrible
clean	dirty	...
no dangerous areas	dangerous areas	...

Lee el texto. Contesta a las preguntas en inglés.

WWF España ▾ | Qué hacemos ▾ | Qué puedes hacer ▾ | Infórmate ▾ | Colabora con WWF ▾

Home >> Qué puedes hacer >> Participa

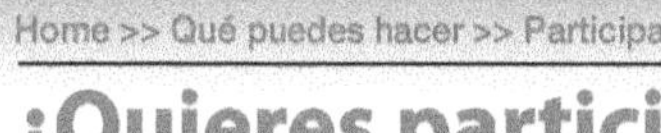

¿Quieres participar en la defensa del planeta?

Un voluntario de WWF es una persona entusiasta: sabe que los problemas ambientales son muy complejos, pero también que existen soluciones a estos problemas.

Por eso adopta una forma de vida responsable y decide, entre otras cosas, aportar su tiempo libre y energía a proyectos de conservación de WWF. Un voluntario es la voz, los ojos y los oídos del Panda; es la persona que transmite los mensajes de WWF en su casa, escuela, trabajo, con vecinos y amigos.

1. According to the text, what sort of person is a WWF volunteer?
2. What does a WWF volunteer know about environmental problems?
3. Into what does he/she decide to channel his/her free time and energy?
4. What does a WWF volunteer act as?
5. Name four areas in which a volunteer spreads the WWF's message.

Completa el diálogo con las frases del recuadro.

Ejemplo: **1** ¿Qué tal fue el viaje?

Alejandro:	Este es mi padre, Pablo.
Pablo:	¡Hola David! ¡Encantado! **1** ———
David:	Un poco aburrido y muy largo.
Alejandro:	Y esta **2** ———, Nerea.
Nerea:	¡Hola!
Alejandro:	Te presento a mi hermano, Miguel, y **3** ———, Liliana.
David:	**4** ———
Pablo:	¿Tienes sed, David? ¿Quieres comer o beber algo?
David:	**5** ——— ¿Puedo comer algo?
Pablo:	Claro. Tengo una tarta muy rica.
David:	**6** ———
Alejandro:	¿Quieres llamar a tus padres?
David:	No gracias, está bien. **7** ———, así que puedo mandar un SMS.
Alejandro:	¿Tienes sueño? ¿Quieres acostarte? ¿O quizás **8** ———?
David:	Sí, tengo sueño, pero no quiero ducharme.

¡Mucho gusto!
a mi hermana
¿Qué tal fue el viaje?
es mi madre
quieres ducharte ahora
Tengo mi móvil
Muchas gracias.
Sí, tengo hambre.

Lee el texto. Escribe 'pasado', 'presente' o 'futuro' para cada dibujo.

Estoy de vacaciones aquí en Madrid y me chifla.
Los madrileños son muy simpáticos. Ayer fui al estadio Santiago Bernabéu con mi amigo Pepe. Visitamos el estadio y luego fuimos a la tienda de recuerdos, donde compré una camiseta para mi hermano. También compré un llavero para mi padre. Le va a gustar mucho porque le encanta el Real Madrid. Es fanático de este equipo. Mañana voy a ir al Museo del Prado, donde tengo que comprar algo para mi hermana. También voy a sacar una foto del museo, el más famoso de Madrid.
Pablo

Escribe una entrada de blog. Utiliza el texto del ejercicio 2 como modelo.

Traduce el texto al inglés.

Ayer en Madrid lo pasé guay. Saqué muchas fotos y las compartí con mis amigos. Me chifla sacar fotos. Mañana, si hace sol, primero iré al parque de atracciones donde montaré en muchas atracciones, por ejemplo en la montaña rusa. Me molan los parques de atracciones. ¡Son flipantes! Por la tarde daré una vuelta por la ciudad. Iré al Rastro, el mercado más famoso de Madrid, donde sacaré fotos, y luego iré al parque del Retiro. Más tarde iré a un restaurante, donde comeré gambas. ¡Va a ser guay!

Escribe un texto sobre un día en Madrid. Utiliza el texto del ejercicio 1 como modelo.

Lee el texto. ¿Verdadero o falso? Escribe V o F.

BIENVENIDO A GOCAR TOURS

Los tours guiados de GoCar Madrid son la mejor forma de conocer la capital.

Nuestros cochecitos amarillos son fáciles de conducir y te permiten explorar los sitios de Madrid que a ti te interesan. Descubre lo antiguo y lo moderno de Madrid, desde el Palacio Real hasta los mejores museos del mundo.

Tenemos cuatro rutas principales que te llevarán por una visita guiada a los sitios más emblemáticos de Madrid. Nuestro sistema de GPS y audio guía integrada se convierten en tu guía personal. ¿Qué puede ser más divertido? Escapa de la multitud y visita Madrid a tu manera.

1. Guided GoCar tours are the best way to get to know the capital.
2. The red GoCars are easy to drive and allow you to explore sites that interest you.
3. There are four main routes to choose from.
4. They'll take you on a guided tour to the most important sites.
5. Someone will accompany you as your own personal tour guide.

¡TABLA DE VERBOS!

The present tense

Use the present tense to talk about what you do now, what you usually do, or how things are.

1 Regular verbs

In the present tense, **-ar**, **-er** and **-ir** verbs follow different patterns of endings:

	-ar	-er	-ir
	habl**ar** (to speak)	com**er** (to eat)	viv**ir** (to live)
yo tú él/ella / usted nosotros/as vosotros/as ellos/as / ustedes	habl**o** habl**as** habl**a** habl**amos** habl**áis** habl**an**	com**o** com**es** com**e** com**emos** com**éis** com**en**	viv**o** viv**es** viv**e** viv**imos** viv**ís** viv**en**

2 Irregular verbs

Some verbs don't follow the usual patterns. Learn each verb by heart.

ir (to go)	**ser** (to be)	**tener** (to have)	**ver** (to see)
voy vas va vamos vais van	soy eres es somos sois son	tengo tienes tiene tenemos tenéis tienen	veo ves ve vemos veis ven

Some verbs are irregular in the 'I' form only:

hacer (to do / to make) → hago
salir (to go out) → salgo

3 Stem-changing verbs

Stem-changing verbs have a vowel change in the stem (the part of the verb that is left when you take off the ending) in the 'I', 'you' (singular), 'he/she' and 'they' forms of the present tense.

e → ie	o → ue	u → ue
preferir (to prefer)	p**o**der (to be able to / can)	j**u**gar (to play)
pref**ie**ro pref**ie**res pref**ie**re preferimos preferís pref**ie**ren	p**ue**do p**ue**des p**ue**de podemos podéis p**ue**den	j**ue**go j**ue**gas j**ue**ga jugamos jugáis j**ue**gan

These stem-changing verbs follow the same pattern as **preferir**:

empezar (to start) → emp**ie**zo (I start)
entender (to understand) → ent**ie**ndo (I understand)
querer (to want) → qu**ie**ro (I want)

These stem-changing verbs follow the same pattern as **poder**:

dormir (to sleep) → d**ue**rmo (I sleep)
doler (to hurt) → me d**ue**le(n) (my… hurt(s))

4 Reflexive verbs

Reflexive verbs describe actions you do to yourself. They include a reflexive pronoun which means 'myself', 'yourself', etc.

ducharse (to have a shower)
me ducho **te** duchas **se** ducha **nos** duchamos **os** ducháis **se** duchan

Some reflexive verbs are stem-changing in the present tense:

acostarse (to go to bed) → me acuesto (I go to bed)
despertarse (to wake up) → me despierto (I wake up)
vestirse (to get dressed) → me visto (I get dressed)

The preterite

Use the preterite (simple past tense) to talk about completed actions in the past.

1 Regular verbs

In the preterite, regular **-ar** verbs follow one pattern of endings and **-er** and **-ir** verbs follow another:

	-ar	-er	-ir
	habl**ar** (to speak)	com**er** (to eat)	viv**ir** (to live)
yo	habl**é**	com**í**	viv**í**
tú	habl**aste**	com**iste**	viv**iste**
él/ella / usted	habl**ó**	com**ió**	viv**ió**
nosotros/as	habl**amos**	com**imos**	viv**imos**
vosotros/as	habl**asteis**	com**isteis**	viv**isteis**
ellos/as / ustedes	habl**aron**	com**ieron**	viv**ieron**

2 Irregular verbs

Some verbs don't follow the usual patterns in the preterite. Learn each verb by heart.

ir (to go)	**ser** (to be)	**hacer** (to do / to make)	**tener** (to have)	**ver** (to see)
fui	fui	hice	tuve	vi
fuiste	fuiste	hiciste	tuviste	viste
fue	fue	hizo	tuvo	vio
fuimos	fuimos	hicimos	tuvimos	vimos
fuisteis	fuisteis	hicisteis	tuvisteis	visteis
fueron	fueron	hicieron	tuvieron	vieron

The verbs **ir** and **ser** are identical in the preterite, but the context makes it clear which verb is meant.

In the preterite, the following verbs are irregular in the 'I' form only:

sacar (to take) → saqué (I took)
tocar (to play an instrument) → toqué (I played)
jugar (to play) → jugué (I played)
empezar (to start) → empecé (I started)

The imperfect tense

Use the imperfect tense to describe what something used to be like or what you used to do.

1 Regular verbs

In the imperfect tense, **-ar** verbs follow one pattern of endings and **-er** and **-ir** verbs follow another:

-ar	-er	-ir
est**ar** (to be)	ten**er** (to have)	viv**ir** (to live)
est**aba** est**abas** est**aba** est**ábamos** est**abais** est**aban**	ten**ía** ten**ías** ten**ía** ten**íamos** ten**íais** ten**ían**	viv**ía** viv**ías** viv**ía** viv**íamos** viv**íais** viv**ían**

había (there was/were/used to be) is a useful verb to know in the imperfect tense.

2 Irregular verbs

Only three verbs are irregular in the imperfect tense:

ir (to go)	**ser** (to be)	**ver** (to see)
iba ibas iba íbamos ibais iban	era eras era éramos erais eran	veía veías veía veíamos veíais veían

The future tenses

1 The near future tense

Use the near future tense to say what you are going to do.

To form the near future tense, take the correct part of the present tense of the verb **ir** (to go) + **a** + infinitive.

hablar (to speak)
voy a hablar **vas a** hablar **va a** hablar **vamos a** hablar **vais a** hablar **van a** hablar

2 The simple future tense

Use the simple future tense to say what you will do.

To form the simple future tense, take the infinitive of the verb and add the following endings.

Some verbs have an irregular 'future stem':

hacer (to do / make) → **haré** (I will do / make)

tomar (to take)
tomar**é** tomar**ás** tomar**á** tomar**emos** tomar**éis** tomar**án**

Escucha, mira y haz los gestos.
Listen, watch and do the gestures.

panda

elefante

tigre

oso

búfalo

cebra

camello

gorila

hipopótamo

jirafa

vaca

zorro

If your teacher doesn't have ActiveTeach, listen to the audio and make up your own action for each word.

Pronunciación

Learning how to pronounce the key sounds in Spanish will help you to say new words correctly when you come across them.

SKILLS

Active Learning

Using multiple senses helps us to remember new words for longer. Use sight, sounds and physical actions to boost your memory skills.

A

abajo *down, below*
el abanico *fan*
el/la **abogado/a** *lawyer*
abrir *to open*
el abuelo *grandfather*
aburrido/a *boring*
acabar de *to have just (done)*
la acción *action*
acostarse *to go to bed*
la actividad *activity*
el actor *actor* (m)
la actriz *actor* (f)
el acuario *aquarium*
de acuerdo *all right*
estar de acuerdo *to agree*
además *also, in addition, furthermore*
adicto/a *addicted*
¡adiós! *goodbye!*
adivinar *to guess*
¿adónde? *where (to)?*
el adulto *adult*
el aeropuerto *airport*
la afición *interest, hobby, pastime*
la agenda *diary*
el/la **agente de viajes** *travel agent*
agrícola *agricultural*
el agua *water* (f)
ahora *now*
ahorrar *to save*
el aire libre *open air*
el alemán *German*
algo *something*
alto/a *high, tall*
alucinante *amazing*
ambicioso/a *ambitious*
ambos/as *both*
el/la amigo/a *friend*
el amor *love*
la animación *animation*
el animal *animal*
antes *before, previously*
antiguo/a *old*
antipático/a *unpleasant, disagreeable*
el anuncio *advert*
el año *year*
apagar *to turn off*
el aparato eléctrico *electrical device*
el aparcamiento *parking*
apasionante *exciting*
aplaudir *to clap*
aprender *to learn*
aprovechar *to make the most of, to enjoy*
¡que aproveche! *enjoy your meal!*
apuntar *to note down*
árabe *Arabic*
el árbol *tree*
el argumento *plot*
la armonía *harmony*
el/la **arqueólogo/a** *archaeologist*
el/la **arquitecto/a** *architect*
arriba *up, above*
el arroz *rice*
el arroz con leche *rice pudding*
las artes marciales *martial arts*
artístico/a *artistic*
así *like this*
así que *so, therefore*
el/la **astronauta** *astronaut*
el atletismo *athletics*
la atracción *attraction*
atrás *back*
la autobiografía *autobiography*
el autobús *bus*
la aventura *adventure*
el avión *plane*
ayer *yesterday*
ayudar *to help*
azul *blue*

B

bailar *to dance*
el baile *dance*
el baloncesto *basketball*
bañarse *to have a bath*
el baño *bath*
barato/a *cheap*
el barrio *neighbourhood*
bastante *quite*
la basura *rubbish*
el batido *milkshake*
beber *to drink*
el béisbol *baseball*
la belleza *beauty*
los beneficios *benefits, profits*
benéfico/a *charity, charitable*
la bici(cleta) *bicycle*
el bocadillo *sandwich*
la bola de cristal *crystal ball*
la bolera *bowling alley*
el bolígrafo *pen*
boliviano/a *Bolivian*
la bolsa *bag*
el/la **bombero/a** *firefighter*
bonito/a *nice, pretty*
la botella *bottle*
el brazo *arm*
británico/a *British*
bueno *well*
buen(o)/a *good*
buscar *to look for*

C

el caballo marino *sea horse*
el cabello *hair*
la cabeza *head*
el cacao *cocoa*
cada *each, every*
la cadera *hip*
caerse *to fall down/off*
el café *coffee*
los calamares *squid*
el calendario *calendar*
caliente *hot*
hacer calor *to be hot (weather)*
el/la **camarero/a** *waiter/waitress*
cambiar *to change*
el/la **camillero/a** *hospital porter*
la camiseta *T-shirt*
el/la **campeón/ona** *champion*
el campeonato *championship*
el campo de fútbol *football pitch*
la canción *song*
cansado/a *tired*
el/la **cantante** *singer*
la cara *face, side*
el carácter *character*
la caracterización *characterisation*
el caramelo *sweet*
la carne *meat*
caro/a *expensive*
la carrera *career, race, course*
la cartelera de cine *what's on at the cinema*
el cartón *cardboard*
la casa *house*
casado/a *married*
casi *almost, nearly*
las castañuelas *castanets*
el catarro *cold*
la catástrofe *catastrophe*
la caza del tesoro *treasure hunt*
la celebración *celebration*
celebrar *to celebrate*
cenar *to have (… for) dinner*
el centro comercial *shopping centre*
los cereales *cereal*
cerrar *to turn off, to close*
la chaqueta *jacket*
el/la **chico/a** *boy/girl*
me chifla(n) *I love*
la churrería *churros shop*
los churros *churros (sweet fried dough)*
el ciclismo *cycling*
ciclista *cycle*
cien *a/one hundred*
la ciencia ficción *science fiction*
el/la **científico/a** *scientist*
el cine *cinema*
el cinturón *belt*
el círculo *circle*
el/la **cirujano/a** *surgeon*
la ciudad *city, town*
claro (que sí) *of course*
la clase *class*
el cliente *customer*
el coche *car*
cocinar *to cook*
el/la **cocinero/a** *cook*
coger *to take (transport)*
coleccionar *to collect*
el collar *necklace*
colombiano/a *Colombian*
la comedia *comedy*
comenzar *to begin*
comer *to eat, to have lunch*
el comercio justo *fair trade*
la comida *food, meal*
la comida basura *junk food*
¿cómo? *how?, what… like?*
el/la **compañero/a** *partner, colleague*
comparar *to compare*
completar *to complete*
el compostaje *composting*
comprar *to buy*

las compras *shopping*
comprobar *to check*
comunicarse *to communicate*
el concurso *competition*
la conducción *driving*
el/la conductor(a) *driver*
conocer *to meet, to know*
los consejos *advice*
conservar *to preserve*
la consola *games console*
construir *to build*
consultar *to consult*
el consumo *consumption*
el contacto *contact*
la contaminación *pollution*
contaminado/a *polluted*
el contenedor *container, bank*
contener *to contain*
contestar *to answer*
contra *against*
convertirse en *to become*
la cooperativa *cooperative*
copiar *to copy*
correcto/a *correct*
corregir *to correct*
correr *to run*
cortar *to cut*
la cosa *thing*
crear *to create*
creativo/a *creative*
creer *to think, to believe*
la crema solar *sun cream*
el cromo *trading card*
el crucero *cruise ship, cruise*
el cuadro *picture, painting*
¿cuál(es)? *which?*
la cualidad *quality, characteristic*
¿cuándo? *when?*
el cuarto *quarter, room*
el cuerpo *body*
el cuestionario *questionnaire*
la cueva *cave*
tener cuidado *to be careful*
cuidar *to look after*
el cumpleaños *birthday*

D

el dado *die*
me da igual *I don't mind*
el dato *detail*
se debe *you/one must*
se debería *you/we should*
debutar *to make your début*
decidir *to decide*
decir *to say, to tell*
dejar *to leave*
el delfín *dolphin*
los demás *other people*
el/la dentista *dentist*
dentro *in(side)*
depender *to depend*
el/la dependiente/a *shop assistant*
el deporte *sport*
el/la deportista *sportsperson*
la derecha *right (direction)*
el derecho *right (permission)*
el desastre *disaster*
desayunar *to have (... for) breakfast*
descansar *to relax*
describir *to describe*
descubrir *to discover*
desde *from*
desenchufar *to unplug*
deshidratarse *to get dehydrated*
despacio *slowly*
despertarse *to wake up*
después *afterwards*
después de *after*
el detalle *detail*
el día *day*
el diálogo *dialogue*
diario/a *daily*
dibujar *to draw*
el dibujo *drawing*
el diente *tooth*
la dieta *diet*
difícil *difficult*
dinámico/a *dynamic*
el dinero *money*
el/la director(a) *director*
dirigir *to direct*
la discoteca *(night) club*
el/la diseñador(a) *designer*
diseñar *to design*
el diseño *design*
divertido/a *fun, funny*
doler *to hurt*
el domingo *Sunday*
¿dónde? *where?*
dormir *to sleep*
ducharse *to have a shower*
me duele(n)... *my... hurt(s)*

E

la edad *age*
el edificio *building*
la educación *education*
educado/a *polite*
el ejercicio *exercise*
eléctrico/a *electric(al)*
elegir *to choose*
emparejar *to match up*
empezar *to begin, to start*
encantado/a *pleased to meet you*
me encanta(n) *I love*
encontrar *to find*
encontrarse *to feel*
la energía *energy*
el/la enfermero/a *nurse*
enfermo/a *ill*
enfrentarse a/con *to face*
¡enhorabuena! *congratulations!*
enorme *enormous*
la ensalada *salad*
enseguida *straight away*
entender *to understand*
entero/a *whole, entire*
la entrada *ticket*
el/la entrenador(a) *coach*
entrenar *to exercise, to train*
la entrevista *interview*
el equipo *team*
la equitación *horse riding*
el equivalente *equivalent*
el error *error, mistake*
la escalada *climbing*
escribir *to write*
escuchar *to listen*
la escuela *school*
la esgrima *fencing*
el espacio público *public space*
la espalda *back*
el español *Spanish*
español(a) *Spanish* (adj)
especial *special*
el/la especialista *specialist*
espectacular *spectacular*
el espectáculo *show, performance*
la estación *station*
el estadio *stadium*
el estanque *pond*
estar *to be*
este/a/os/as *this/these*
el/la esteticista *beautician*
estimulante *stimulating*
el estómago *stomach*
la estrella *star*
estresante *stressful*
el estribillo *chorus*
estupendo/a *brilliant*
el evento *event*
exigente *demanding*
la experiencia *experience*
explicar *to explain*
el extranjero *abroad*
extranjero/a *foreign*

F

la fábrica *factory*
fácil *easy*
facilmente *easily*
la falda *skirt*
falso/a *false*
la familia *family*
el/la famoso/a *celebrity*
el/la fanático/a *fan*
la fantasía *fantasy*
el fantasma *ghost*
febrero *February*
la fecha *date*
feliz *happy*
fenomenal *fantastic*
feroz *fierce*
la fiesta *party*
la figurita *figurine*
el fin de semana *weekend*
finalmente *finally*
con fines benéficos *for charity*
me flipa(n) *I love*
flipante *awesome*
la flor *flower*
el/la florista *florist*
la foca *seal*
el folleto *brochure*
los fondos *funds*
el footing *jogging*
en forma *fit*
estar en forma *to keep fit/in shape*
ponerse en forma *to get fit/in shape*
la foto *photo*
el/la fotógrafo/a *photographer*
la frase *sentence, phrase*
la frecuencia *frequency*
frecuentemente *frequently*
la fresa *strawberry*
hacer frío *to be cold (weather)*
la fruta *fruit*

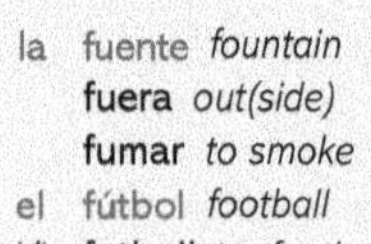

la fuente *fountain*
fuera *out(side)*
fumar *to smoke*
el fútbol *football*
el/la **futbolista** *footballer*
el futuro *future*

G

la galleta *biscuit*
ganar *to win, to earn*
tener ganas de *to feel like*
la garganta *throat*
por lo general *generally*
generalmente *generally*
el género *genre*
genial *great*
la gente *people*
la gimnasia *gymnastics*
el gimnasio *gym*
el/la **gimnasta** *gymnast*
girar *to twist*
el gol *goal*
la gorra *cap*
¡gracias! *thanks!*
el gráfico *graphic*
granadino/a *from Granada*
grande *big*
el grifo *tap*
gris *grey*
gritar *to shout*
el grupo *group*
guapísimo/a *very good-looking*
guardar *to keep*
guay *cool*
el/la **guía turístico**/a *tourist guide*
me gusta(n) *I like*
me gustaría *I would like*

H

había *there was/were/used to be*
la habitación *room, bedroom*
hablar *to speak*
hacer *to make, to do*
hace… *…ago*
el hada madrina *fairy godmother* (f)
tener hambre *to be hungry*
la hamburguesa *hamburger*
hasta *to, as far as, until*
¡hasta pronto! *see you soon!*
el helado *ice cream*
el hermano *brother*
el hijastro *stepchild*
los hijos *children*
la historia *story*
histórico/a *historic*
la hora *hour, time*
la hora punta *rush hour*
¡qué horror! *how terrible!*
horroroso/a *terrible*
el huevo *egg*

I

el idioma *language*
imaginario/a *imaginary*
el imán *magnet*
inaceptable *unacceptable*
increíble *incredible*
independiente *independent*
la infanta *princess*
infantil *child* (adj)
la información *information*
el inglés *English*
inglés/esa *English* (adj)
la injusticia *injustice*
inolvidable *unforgettable*
el insecto *insect*
el insti(tuto) *(secondary) school*
la instrucción *instruction*
el instrumento *instrument*
inteligente *intelligent*
el Internet *internet*
inventar *to make up*
el/la **invitado**/a *guest*
invitar *to invite*
ir *to go*

J

el jamón *(cured) ham*
el jardín *garden*
el/la **jardinero**/a *gardener*
el/la **jefe**/a *boss*
¡Jesús! *bless you!*
joven *young*
los jóvenes *young people*
el judo *judo*
el juego *game, play*
el jueves *Thursday*
el/la **jugador(a)** *player*
jugar *to play*
junio *June* (m)
juntos/as *together*
justo/a *fair*

K

el kilómetro *kilometre*

L

el lado *side*
la laguna *lagoon*
lanzar *to launch*
largo/a *long*
el lavado de coches *car wash*
el lavaplatos *dishwasher, washer-up*
lavar *to wash, to brush (teeth)*
leer *to read*
el león *lion*
la letra *letter, lyrics*
levantarse *to get up*
la libertad de expresión *freedom of expression*
el libro *book*
la liga *league*
el/la **limpiador(a)** *cleaner*
limpiar *to clean*
limpio/a *clean*
la lista *list*
llamarse *to be called*
el llavero *key ring*
llevar *to wear, to take*
llevarse bien (con) *to get on well (with)*
llover *to rain*
la lluvia de ideas *brainstorm*
loco/a *crazy, mad*
luchar (contra) *to fight (against)*
luego *then*
el lugar *place*
tener lugar *to take place*
el lunes *Monday*
la luz *light*

M

la madrastra *stepmother*
la madre *mother*
madrileño/a *from Madrid*
maleducado/a *rude*
malgastar *to waste*
malo/a *bad*
mandar *to send*
la manicura *manicure*
la mano *hand*
el mantenimiento *maintenance*
la mañana *morning*
mañana *tomorrow*
el mapa *map*
el maquillaje *make-up*
la máquina de coser *sewing machine*
el maratón *marathon*
maravilloso/a *marvellous*
la marcha *walk*
el martes *Tuesday*
marzo *March* (m)
más *more, most*
mayo *May* (m)
el/la **mecánico**/a *mechanic*
la medianoche *midnight*
el/la **médico**/a *doctor*
medio/a *half*
el medio ambiente *environment*
mejor *better, best*
mejorar *to improve, to get better*
la memoria *memory*
mencionar *to mention*
menos *less, fewer, least*
el mensaje *message*
a menudo *often*
el mercado *market*
merendar *to have a mid-afternoon snack*
el mes *month*
metódico/a *methodical*
el metro *underground railway*
mexicano/a *Mexican*
mezclar *to mix*
el miembro *member*
el miércoles *Wednesday*
mirar *to look*
la moda *fashion*
el modelo *model*
moderno/a *modern*
me mola(n) *I love*
el monólogo *monologue*
monótono/a *monotonous*
la montaña rusa *roller coaster*
montar en/a *to ride*
un montón de *loads of*
el monumento *monument*

mucho *a lot*
mucho(s)/a(s) *a lot of, many*
¡mucho gusto! *pleased to meet you!*
la mujer *woman, wife*
el mundo *world*
el museo *museum*
la música *music*
muy *very*

N

el nacimiento *birth*
la nacionalidad *nationality*
nada *(not) at all, nothing*
nadar *to swim*
la nariz *nose*
la natación *swimming*
la naturaleza *nature*
tener náuseas *to feel sick*
navegar *to surf (internet)*
necesario/a *necessary*
negativo/a *negative*
negro/a *black*
¡ni hablar! *no way!*
los niños *children*
la noche *night*
el nombre *name*
normalmente *normally*
norteamericano/a *North American*
nunca *never*

Ñ

¡ñam, ñam! *yum, yum!*

O

octubre *October* (m)
la oferta *offer*
la oficina *office*
el oído *ear*
el ojo *eye*
la ola *wave*
la opinión *opinion*
el orden *order*
el ordenador *computer*
la organización benéfica *charity*
organizado/a *organised*
organizar *to organise*
otra vez *again*
otro/a *another*

P

paciente *patient*
el padrastro *stepfather*
el padre *father*
los padres *parents*
el país *country*
el pájaro *bird*
la palabra *word*
el palacio *palace*
la palma *palm*
dar palmas *to clap*
el palo de hockey *hockey stick*
las palomitas *popcorn*
el pan *bread*
el papel *paper, role*
el paquete *packet*
paquistaní *Pakistani*
para *for, (in order) to*
parecer *to seem*
la pareja *pair*
el parque *park*
el parque acuático *water park*
el parque de atracciones *theme park*
el párrafo *paragraph*
participar *to take part, to participate*
el partido *match*
a partir de ahora *from now on*
el pasado *past*
pasado/a *last*
pasar *to happen, to spend (time)*
pasar la noche *to sleepover*
pasarlo... *to have a... time*
pasear *to walk*
el paseo *walk*
ir de paseo *to go for a walk*
la pasión *passion*
el paso *step*
el pastel *cake*
las patatas fritas *chips*
el patio *yard*
el patrón *employer*
la película *film*
peligroso/a *dangerous*
el pelo *hair*
la pelota vasca *pelota (Basque ball game)*
la peluquería *hairdresser's, hairdressing*
el/la peluquero/a *hairdresser*
los pendientes *earrings*
pensar *to think*
pequeño/a *small*
perfecto/a *perfect*
el/la periodista *journalist*
el perrito caliente *hot dog*
el perro *dog*
la persona *person*
el personaje *character*
la pesca *fishing*
el pescado *fish*
el piano *piano*
el pie *foot*
la pierna *leg*
el ping-pong *table tennis*
la piscina *swimming pool*
la piscina al aire libre *open-air swimming pool*
la piscina cubierta *indoor swimming pool*
la pista de atletismo *athletics track*
el planeta *planet*
el plano *map*
la planta *plant*
la plantación *plantation*
el plástico *plastic*
el plato *dish*
la playa *beach*
la plaza *square*
poder *to be able to, can*
la poesía *poem*
el/la policía *policeman/woman*
el polideportivo *sports centre*
el pollo *chicken*
poner *to put*
por *for, because of*
por eso *so, therefore*
¿por qué? *why?*
porque *because*
por supuesto *of course*
el/la portero/a *goalkeeper*
la posibilidad *possibility*
positivo/a *positive*
la postal *postcard*
el postre *dessert*
practicar *to rehearse, to practise*
práctico/a *practical*
preferido/a *favourite*
preferir *to prefer*
la pregunta *question*
preguntar *to ask*
preparar *to prepare*
la presentación *presentation*
presentar *to introduce*
el presente *present*
primero/a *first*
la princesa *princess*
principal *main*
el príncipe *prince*
privado/a de *deprived of*
el problema *problem*
el producto *product*
la profesión *profession*
el/la programador(a) *programmer*
el promedio *average*
pronto *soon*
la pronunciación *pronunciation*
propio/a *own*
proteger *to protect*
próximo/a *next*
el proyecto *project*
público/a *public*
pues *well*
el pulpo *octopus*
puntuar *to give a score*

Q

¿qué? *how?, what?*
quejarse *to complain*
las quemaduras de sol *sunburn*
quemarse *to get burnt*
querer *to want*
el queso *cheese*
¿quién? *who?*
quinientos/as *five hundred*
quizás *perhaps, maybe*

R

el racismo *racism*
los rápidos *rapids*
un ratito *(for) a little while*
la razón *reason*
tener razón *to be right*
la reacción *reaction*
recaudar *to raise, to collect*
el/la recepcionista *receptionist*
la receta *recipe*
recibir *to receive*
reciclado/a *recycled*
la recogida *collection*
el recuadro *box*
el recuerdo *souvenir*
la red *network*
reducir *to reduce*
referirse a *to refer to*
el refresco *soft drink*
el regalo *present*
la reina *queen*
reír *to laugh*
la reparación *repair*
repetir *to repeat*
repetitivo/a *repetitive*
requerir *to require*

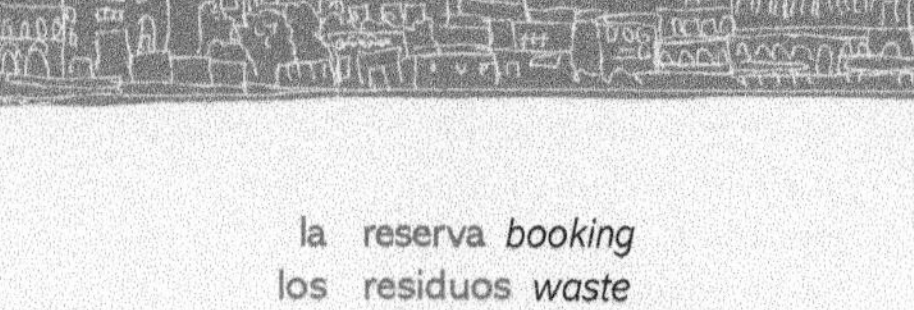

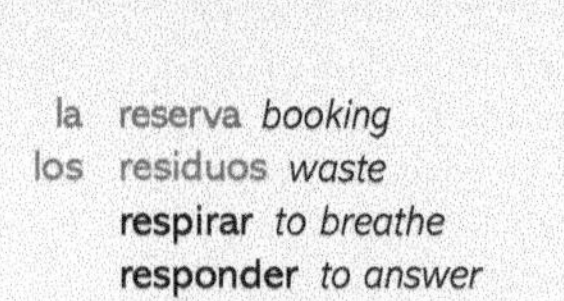

la reserva *booking*
los residuos *waste*
respirar *to breathe*
responder *to answer*
responsable *responsible*
el resumen *summary*
reutilizar *to reuse*
la revista *magazine*
rico/a *delicious*
la rifa *raffle*
rimar *to rhyme*
el ritmo *rhythm*
el rodaje *filming*
rojo/a *red*
¡qué rollo! *how boring!*
el rompecabezas *puzzle*
la ropa *clothes*
la rutina *routine*

S

el sábado *Saturday*
saber *to know*
sacar *to take (photo)*
salir *to go out*
saltar *to jump*
saludable *healthy*
la sangre *blood*
sano/a *healthy*
el saxofón *saxophone*
el/la **secretario/a** *secretary*
tener sed *to be thirsty*
seguir *to continue, to follow*
el segundo *second*
segundo/a *second*
seleccionar *to select*
el sello *stamp*
la selva *jungle*
la semana *week*
sentirse *to feel*
ser *to be*
serio/a *serious*
en serio *seriously*
la serpiente *snake*
servir *to serve*
siempre *always*
significar *to mean*
el símbolo *symbol*
simpático/a *nice*
sin embargo *however*
el SMS *text (message)*
sobrar *to be left over*
sobre *about*
sociable *sociable*
el sol *sun*
hacer sol *to be sunny*
solicitar *to seek*
solidario/a *charity, voluntary*
solo/a *alone*
la solución *solution*
el sondeo *survey*
la sopa *soup*
subir *to go up, to climb*
sucio/a *dirty*
el suelo *floor, ground*
el sueño *dream*
tener sueño *to be sleepy*
¡ni en sueños! *not a chance!*
la suerte *luck*
suficiente *enough*
el superhéroe *superhero*
el surf *surfing*

T

la tabla *table (grid)*
la tableta (de chocolate) *(chocolate) bar*
tal vez *perhaps, maybe*
también *also, too*
tanto *so much*
la tarde *afternoon, evening*
más tarde *later*
la tarea *task*
las tareas domésticas *household chores*
la tarjeta *card*
la tarta de cumpleaños *birthday cake*
el/la **taxista** *taxi driver*
la taza *cup*
el teatro *theatre*
el teclado *keyboard*
la tecnología *technology*
el teleférico *cable car*
el teléfono *telephone*
el teletrabajo *teleworking (working from home)*
la tele(visión) *TV*
temprano *early*
tener *to have*
tener que *to have to*
el tenis *tennis*
tercero/a *third*
terminar *to finish*
el terremoto *earthquake*
el terror *horror*
el texto *text*
el tiempo *weather, time*
la tienda *shop*
tímido/a *shy*
típico/a *typical*
el tipo *type*
tirar *to throw (away)*
el tiro deportivo *target shooting*
titularse *to be called*
el título *title*
me toca *it's my turn*
tocar *to play (instrument), to touch*
todo *everything, all*
todos los días *every day*
tomar *to have, to take*
tomar el sol *to sunbathe*
¡qué tontería! *what nonsense!*
tonto/a *silly*
el torneo *tournament*
la tortilla *omelette*
la tos *cough*
las tostadas *toast*
trabajador(a) *hard-working*
trabajar *to work*
el trabajo *work, job*
traducir *to translate*
el transporte público *public transport*
el tren *train*
el tres en raya *noughts and crosses*
triste *sad*
el tuit *tweet*
el turismo *tourism*
el/la **turista** *tourist*
el turno *turn*
el turrón *nougat*

U

último/a *last, latest*
la universidad *university*
usted(es) *you (formal)*
útil *useful*
utilizar *to use*

V

vale *OK*
el vampiro *vampire*
variado/a *varied*
la varita mágica *magic wand*
el vaso *cup*
¡vaya! *well!*
vegetariano/a *vegetarian*
la velocidad *speed*
vender *to sell*
venir *to come*
ver *to see, to watch*
el verano *summer*
el verbo *verb*
la verdad *truth*
verdadero/a *true*
verde *green*
las verduras *vegetables*
la vergüenza *embarrassment, shame*
¡Qué vergüenza! *How embarrassing!*
versátil *versatile*
el vestido *dress*
vestirse *to get dressed*
el/la **veterinario/a** *vet*
la vez *time*
de vez en cuando *from time to time*
en vez de *instead of*
a veces *sometimes*
viajar *to travel*
el viaje *journey*
la vida *life*
el videojuego *videogame*
el vidrio *glass*
la vidriera (colorida) *(stained) glass window*
viejo/a *old*
que viene *next*
hacer viento *to be windy*
el viernes *Friday*
el/la **vigilante nocturno** *night security guard*
la violencia *violence*
la visita *visit*
visitar *to visit*
la vista *view, sight*
el voleibol *volleyball*
el/la **voluntario/a** *volunteer*

Y

el yogur *yogurt*

Z

el zumo *juice*